澳门口述历史丛书

百年节诞

澳门庙宇文化口述历史

林发钦——主编

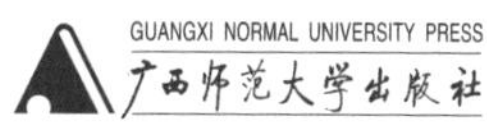

·桂林·

百年节诞
BAINIAN JIEDAN

著作权合同登记号桂图登字：20-2016-215 号

图书在版编目（CIP）数据

百年节诞 ：澳门庙宇文化口述历史 / 林发钦主编. --
桂林：广西师范大学出版社，2020.10
（澳门口述历史丛书）
ISBN 978-7-5598-3156-9

Ⅰ. ①百… Ⅱ. ①林… Ⅲ. ①宗教文化－文化史－澳门 Ⅳ. ①B929.2

中国版本图书馆 CIP 数据核字（2020）第 168916 号

广西师范大学出版社出版发行
（广西桂林市五里店路 9 号 邮政编码：541004
网址：http://www.bbtpress.com）
出版人：黄轩庄
全国新华书店经销
广西昭泰子隆彩印有限责任公司印刷
（南宁市友爱南路 39 号 邮政编码：530000）
开本：720 mm ×1 010 mm 1/16
印张：13.5 字数：170 千字
2020 年 10 月第 1 版 2020 年 10 月第 1 次印刷
定价：68.00 元

前言

现代口述历史源于美国，后成为保存“公众记忆”的历史记录方式。那么，怎么理解口述历史呢？中华上下五千年，无论是远古先民传说，还是春秋战国智者先贤口头传授并编撰成书的《论语》之类，抑或近现代各种形式的社会调查、媒体访谈，乃至老一辈人给子孙讲述的家庭渊源或个人往事，等等，都可以理解为广义的口述历史。

近些年随着越来越多人的关注，口述历史已不仅仅局限于“记录”，而是越来越注重对访谈员的专业培训，以及研究领域的专业规范。正如英国学者保罗·汤普森（Paul Thompson）所谓“用人民自己的语言把历史交还给人民”，说的就是口述历史在史料征集及现代史学研究上的专业性、规范性及平民性的特点。

在澳门历史研究中，口述历史日渐受到重视。2008 年，为加强澳门学术研究，打造特色研究平台，澳门口述历史协会应运而生。协会的宗旨是团结专家学者和青年学生，利用科学方法，推进口述历史资料的采集、编辑和研究工作，并通过对民间私家著述和公私文书资料的收集、整理，促进澳门历史研究的发展，提升澳门的文化形象。澳门口述历史协会成立至今，深入不同的社区开展了多项口述历史访谈，从新桥、下环、福隆、十月初五街到氹仔、路环，访谈不同阶层的澳门老居民数百人，以“社区变迁”和“行业兴衰”两个视角，透过受访者口述“亲历、亲见、亲闻”的回忆，从不同方面反映澳门社会近百年的历史发展，并保存了大量视频、音频、图片和文字，为保存社区历史、弘扬社区文化做出了一定贡献。

协会近年来计划将以往访谈成果汇总成“澳门口述历史丛书”（以下简称“丛书”），并开始分批出版。从内容上来讲，本“丛书”涉及人物、家庭、行业、社区、风俗等专题，不仅补充了澳门现代史文字资料之不足，亦丰富了澳门历史。就早前对澳门历史研究情况的考察，澳门现代史最重要的史料实为口述史料，而非文字史料。现今在世的已过古稀之年的老澳门人，经历了抗战、新中国成立、澳门回归等重大历史事件，他们的集体回忆构成了一幕幕最真实、最生动的澳门现代历史图像。

另一方面，“丛书”于内地出版，在提升澳门文化传播辐射力的同时，亦能深化两地的文化交流。纵观澳门出版物现状，内容呈现多元化，图书市场空间虽有明显发展，但还面临不少问题，具有澳门本土特色的书籍一直很难大量在内地传播。而此次“丛书”由内地出版社出版发行，是澳门口述历史出版物在出版地域、传播途径上的一项大突破。

自访谈计划启动以来，协会访谈团队走进澳门的街头巷尾，寻觅那些濒临消失的人和事。经一位位古稀之年的澳门人的口述，以及我们的专业团队后期的整理、筛选、撰稿及史料研究、校对等工作，协会已经开始了编撰书稿进而出版的工作。

相信这些涉及澳门经济、历史、文化及社会生活等方方面面的鲜活的口述历史材料，以及文中所配珍贵的老照片，能很好地展现沧桑而又富有生命力的澳门风貌。

这本《百年节诞——澳门庙宇文化口述历史》，是澳门口述历史协会团队对澳门部分中式传统庙宇的庙祝或有关负责人进行访谈的整理稿。

在对澳门中式传统庙宇的访谈中，我们团队尽可能地拍摄了庙宇现貌，并收集了部分早年旧影像，经过一定的整理，现在根据内文需要，选择配入文中。希望读者在阅读访谈文字的同时，能够对其地、其情、其景，有些许直观的感受。

在启动出版筹备事宜的时候，这本书我们保留了第三人称的写法，因为对澳门每年不同时段进行的各种节庆活动，采用第一人称来采写，无法展现那众多民众多年持续参与的活动场景。

附录“口述历史资料”是团队对项目进行时的一些基本记录，例如受访者姓名、基本情况、访谈地点等，希望能够对此项目的整体面貌有一个清晰把握。

澳门每年各种不同时段进行的各种节庆活动，除个别节诞，基本上都传承了百年甚至数百年，时至今时，依然年年举办，年年热闹非凡。从本项目访谈至今，又过去了几年，在每个项目之后，我们用“近年大事记”的形式，将一些近年媒体对澳门各类节诞活动的报道略列一二，令读者对这些项目的延续情况有所了解，此我们所愿矣。

几年时间过去了。当年接受我们访谈的不少人，已经不可避免地年长了许多岁，更有人已经离开了我们。而当年我们协会这支年轻的访谈员团队，有在读大学生、高中生，如今均已经走进了社会，在不同的专业领域都有了很好的岗位，有文博机构的公务员，有教师，有社会工作者，有大学博士生。

他们当年在口述历史协会所进行的口述访谈项目，对于他们更多地接触社会，锻炼和提高他们的工作能力，有着莫大的帮助。

谨将本套丛书献给可爱的澳门，以及生活在澳门这片土地上的人们。

目录

附录

一方水土

——澳门的土地诞

郑伟豪 ● 整理

土地神信仰

土地诞是我国历史悠久的传统节日，同时也是澳门本地华人一个比较大型的节日。

土地神信仰及其祭祀礼仪是建立在中国几千年来一直占主导地位的农耕文明基础之上的。农历二月初二是土地诞，是祭祀土地神的日子，相传这一天是土地神的生日，但这个说法现在已无从稽考。

土地神的由来可追溯到周朝，起初人民对土地神的奉祀与农业生产有关——祈求风调雨顺，产物丰收。但随着时间的推移，土地神的职责亦有所变化，现今土地神即保佑它所管辖的一方土地的平安，保佑居民出入平安，消灾免难等。

雀仔园福德祠土地诞

土地神的叫法五花八门，如土神、土地神、土地菩萨等。在中国南方，老百姓称之为土地公，而在北方则叫土地老爷。

需要注意的是，土地神是地方神、街区或村庄之神，不应与社稷神互相混淆。

中国各地均有土地神祭祀仪式和贺诞活动，各地也具有各自的特色。

土地神信仰虽遍及整个中国，但新中国成立后在内地逐渐式微，相反，澳门的土地神信仰相比其他邻近省份更具特色。在澳门各社区都可以看到大大小小供奉土地神的地方，不仅数量多，分布亦较为广泛，信仰人数不可胜数。土地神庙庙内装饰的精美程度和贺诞的规模，相比内地尤为出色，再加上澳门特区政府对民间信仰活动采取不加干涉的态度，都促使澳门居民对土地神崇拜相比内地兴盛。

沙梨头土地诞当日祭拜的信众

土地神信仰在澳门

在澳门，至少有十多座土地庙，其中规模较大并具有代表性的庙宇有三：沙梨头土地庙、雀仔园福德祠和下环街福德祠。最古老的就是沙梨头土地庙。

沙梨头土地庙又称永福古社，也有“观岩”之称，为澳门历史最悠久、规模最大、建筑形式最丰富的土地庙宇。该庙的创建年份，学术界一直众说纷纭。据李鹏翥所述，有南宋末年创建一说；而陈炜恒称，是建于明末清初时期；文德泉（Padre Manuel Teixeira）则认为，是建于清乾隆年间。几方各自有文物论证自己的观点，但因时间久远，仍有疑问，难以确定具体创建时间。

雀仔园土地庙则建于清光绪十二年四月，即1886年5月。

2002 年前沙梨头土地诞庆典活动（一）

2002年前沙梨头土地诞庆典活动（二）

2002年前沙梨头土地诞庆典活动（三）

一年一度土地诞

澳门当地居民什么时候开始祭祀土地神，因无记载难以考证；但据有关文字记载，澳门的土地诞活动早在1868年就已经比较盛行。人们祭祀土地神，希望得到土地神的福庇，实现身体健康、合家平安的美好愿望。

土地诞贺诞活动，一般由二月初一到二月初三，有些庙宇还到二月初五。传统上，在初一的子时上头炷香并开始祭祀仪式。

庙宇的祭祀仪式相比一般家庭并没有多大的区别。祭品包括“三牲”，即鸡（土地公爱吃杂的）、烧肉、水果。还神从初一子时（晚上十一点）开始一直到初二下午五点，这期间亦有本区的体育会舞狮祝贺，庙宇亦会邀请社会贤达出席，负责点睛、三花挂红，场面非常热闹。

土地诞祭品

信众还神吹响乐器

二月初二分猪肉

信众还神时，通常有一个程序是吹乐器，当地人俗称“吹嘀嗒”，由一位乐师负责吹奏。每一位善信进入庙内参拜时，都要给乐师一封红包，乐师随即吹响乐器，告知土地公有人来祭拜它。

拜祭完毕后，在二月初二下午分猪肉。分猪肉的规则每间庙宇都不一样，视该庙的经济能力而定。如雀仔园土地庙将烧猪按人数摊分（如值理会有一百人就分一百份），一份一般是一斤或两斤，此外还有饼和水果；而沙梨头土地庙则规定烧猪一袋十二两，但只有六十五岁以上的长者才有。

庙宇将一年的盈余，通过发烧猪派礼物的方式回馈给大家，而且每年在土地诞的最后一天，都举行大型的敬老联欢晚宴。

还有大型节目——神功戏。神功戏一般是从贺诞的第一天开演，上演到最后一天。

昔日的热闹

以往的贺诞活动不单有神功戏，还有抢花炮和还炮活动，但澳葡政府以影响公众安全为由，在20世纪五六十年代已取消此活动，甚为可惜。

据雀仔园福德祠土地庙值理会主席罗盛宗忆述，以往每年贺诞，都有抢花炮活动。花炮是一纸扎品，中间摆放一个木造的神像，依据善信的心愿求一个菩萨摆放在内。通常花炮都被赋予吉祥的名字，例如：丁财两旺、如意吉祥、生意兴隆等等。在该庙有一炮尤为出名，即第六炮“财帛星君”，俗称财神。民间相传谁取得这一炮，谁就能在这一年发大财。

抢花炮前先是还炮，还炮是在二月初一举行。还炮时首先要将花炮清洗干净，除去黏附的尘埃，其后将花炮重新粉饰，俗称油炮。操作过程是信众将花炮迎到庙内，给庙内的工作人员一封红包，请他粉饰，其后用碌柚叶弄干净，翻新后就在初二抢炮时继续使用，下一个人就能得到干干净净的花炮，这是一个传统习俗。

还炮时还要给庙宇一封红包，意思是感谢供奉在家中的神庇佑他一年。接炮时也要给一封红包。每一个花炮都设有一个价目，如财帛星君最贵，可能是一两千元，还要大摆宴席请街坊吃一顿饭，这才算是告诉大家今年迎了神回家。

还炮时要么请人送回，要么就自己送回，有始有终。

雀仔园土地庙抢炮地点，因庙宇前地狭窄而定在现在的名门酒家门口，以往这里是一间大宅，有较大的空间抢炮。

抢花炮前，先是由该庙宇提前收回上一年信众所得的花炮。其后抢炮活动在二月初二中午举行，大约持续两个小时，一共有十多个花炮。花炮内有一铜钱，铜钱系着一条红色丝带，方便让信众找到，内里火药虽少，但一经点燃，能升到二十米高。花炮放在空地中央发射，有心争夺花炮的人，在场内四周各自选择有利位置，当炮声一响，便争相上前抢夺，谁抢到这铜钱才能换取花炮。更有一些有经济能力的信众请人来抢，还曾发生因抢花炮而打架的事件。

花炮是善信们心中的吉祥物，他们认为谁得到了它，拿回家供奉，谁便会得到神灵福庇。故此很多人都渴望得到，所以每年抢炮场面非常激烈。

以往大部分家庭都设有神台来供奉花炮，有一些信众，承炮后的一年里是顺景或家庭特别好的，之后就想继续承炮，或有一些信众朋友通过其他信众的转述和宣传，下一年就有兴趣去抢。因为这些原因，抢花炮在雀仔园有一段灿烂的过去。

20世纪60年代中期以后，澳葡政府出于公众安全的考虑，澳门庙宇所有贺诞活动终止，只保留了祭祀仪式。因此抢花炮这一项具有澳门特色的贺诞活动再也没有恢复。如今我们只能通过老一辈街坊的忆述，通过文字想象当日热闹的景象，实属惋惜。

喜庆神功戏

除了以往的抢炮活动，保留至今的一个大型贺诞活动就是神功戏。引用钟文的解释，神功戏即为神造就功德之意，主要是为神提供娱乐，达到酬神和祈愿的目的，还起到娱乐居民的作用。

土地诞神功戏（一）

土地诞神功戏（二）

历年土地诞庆典活动（一）

历年土地诞庆典活动（二）

神功戏活动也曾因受到 1966 年澳门“一二·三事件”的影响，而被迫终止。雀仔园土地庙在 1976 年重新恢复神功戏，是澳门第一间重演神功戏的庙宇。而沙梨头土地庙则因庙宇前地产权问题，一直到 1996 年才重新上演神功戏。

据自幼就参与贺诞活动的沙梨头土地庙值理会主席钟文称，该庙庙宇前地的产权问题可谓一波三折，历尽艰辛。

在新中国成立初期，澳门有一帮不法分子势力非常大，一手遮天，当时澳葡政府对该区亦缺乏监管。不法分子在庙宇前地建造房屋，将公家的利益私自瓜分。因对方势力非常大，街坊得知后，也无可奈何。幸好该区旧慈善会组织有几位老街坊不贪不谋、不畏强权，在 1965 年将街坊组织起来，联同一些社会团体合力阻止，几经抗争，前地才没有被进一步瓜分，保留了现沙梨头坊众学校一地。

历年土地诞庆典活动（三）

正当澳门恢复贺诞活动之时，该区因缺乏政府管理，有些居民竟在庙上搭建木屋，形成一个木屋区，导致庙不成庙。20 世纪 80 年代中后期，街坊群众向政府部门抗议，经过一番努力，最终才将该区木屋全部清除。

沙梨头土地庙重新恢复神功戏活动已有十五年（访谈时为 2011 年）了，其中一年（2003 年），因学校重建，贺诞中断一年。由于经济原因，神功戏多是聘请内地广东、广西一带的曲艺班前来表演，土地诞筹备时间主要花在聘请戏班上。因土地诞紧接在新年之后，每年内地各省在新年时，都有大型的表演节目，演完贺年戏戏班都比较疲累，所以提前半年就必须决定聘请哪一个戏班，好让双方做好准备。

澳门各土地庙贺诞时上演神功戏的戏目亦不一样，以沙梨头土地庙为例，按习俗规定，农历二月初一晚上十一点演戏完毕后，戏班的演员要扮演“八仙贺寿”，庙宇众理监事和工作人员一起陪同上庙拜神。习俗规定在初一晚上十一点上头炷香，祝贺土地公诞生，而初二晚上演好彩头的戏目（如《六国大封相》《天姬送子》等），初三晚上演两个折子戏和本区街坊所组织的一些表演活动。

沙梨头土地庙贺诞活动在学校内举行，因怕延误学校正常上课，所以现在将贺诞日期由原来的五天缩短到三天。而雀仔园土地庙则在庙宇右边的戏台上演神功戏，从农历正月三十到二月初四，为期五天。

戏种一般是以街坊要求为主，每年剧目都不一样。

澳门这两间贺诞规模比较大的庙宇，每年聘请曲艺班的经费都将近二十万元，占了整个贺诞活动支出的百分之四五十，比例非常大。

敬老联欢晚宴

近年来敬老联欢晚宴比以往都要热闹。晚宴在贺诞最后一天举行，宴请六十五岁以上的长者，每位长者均有一封红包和一袋礼品。

沙梨头土地庙在学校内大排宴席五十围；雀仔园土地庙更是多达七十围，举行晚宴的地点是庙前的街道，宴席呈 L 字形分布，非常特别。在街道举行晚宴并且在现场准备酒菜，这可能是在澳门最后一个使用复古的晚宴模式和在街道上举行晚宴的地方。

敬老联欢晚宴亦成为澳门贺诞活动的特色之一。

2011 年沙梨头土地诞敬老联欢晚宴

2002 年前沙梨头土地诞敬老联欢晚宴

参加雀仔园敬老联欢晚宴的长者

价值所在

土地诞这个节日，不论是对社会还是对人都具有重大的、深远的历史作用和价值。

首先，透过对土地神的崇拜，可以维系该社区居民的人际关系和维持社会秩序，促进邻里互相帮助、互相照顾。如沙梨头区就是一个好的例子，为了在土地诞时恢复贺诞活动，“一二·三事件”后，街坊们齐心维护相互的利益，人人积极看守门户及街道，保卫居民的财产，甚至维持交通秩序，最终将贺诞活动的场所重新夺回。当地居民所组织的协会，如沙梨头街坊互助会、颐康中心，可以帮助一些生活有困难的人，它们都是因土地诞而建立的。

其次，透过贺诞活动，社区群众增强了凝聚力和归属感。据雀仔园福德祠土地庙值理会主席罗盛宗所述，每年一度的土地诞，都有很多往日从事建筑业赚了大钱的街坊前来上香酬神，即便迁到台山也要回来，还有一些小时候曾在此居住的社会贤达，亦要百忙中抽空回来贺诞，与街坊相聚。

举办贺诞活动可以使人们不论远近，都有机会在那么喧嚣的都市里，开心、轻松地聚在一起，欢度节日，同时让居民有一种认知感，在如此盛大的活动中，让该社区居民了解土地诞在澳门的历史，让他们深深地感受到土地诞是一个不可或缺的节日。

再次，崇拜土地神满足了大众心理需求，培养了人们良好的性格和品质。民众认为只要诚心供奉土地公，就能满足他们的心理所需：生活安定、子孙满堂、消灾祈福等。崇拜土地神对人们来说，具有一种宗教伦理价值，它约束了人们在日常生活中的行为、道德、品格等，教化人们培养诚信、善良、勤俭、宽容、忠孝等良好的品质。

2002 年前沙梨头土地庙慈善会宴客

最后，土地诞节日的保存有助于文物的保护。假如土地诞在人们心中失去了地位，那供奉土地公为主的庙宇就不再重要了，这些具有几百年历史的文物就会成为所谓“文明进步”的牺牲品。

随着社会的不断发展，一些有价值的传统精髓逐渐被年轻一辈所忽视，就拿土地诞来说，据沙梨头土地诞的值理会主席钟文称，现在土地诞的传承面临断裂的问题，年轻一辈因要工作或不感兴趣，一些传统贺诞的仪式和活动渐渐被忽略。

政府、社会团体和居民三者之间怎样去面对并很好地解决这个问题，已成为当务之急。

土地诞近年大事记

2018 年

沙梨头土地诞庆祝节目多（3 月 14 日）

雀仔园今起贺土地诞（3 月 16 日）

沙坊贺土地诞场面热闹（3 月 19 日）

雀仔园贺土地诞搞旺社区（3 月 19 日）

雀仔园土地诞敬老联欢（3 月 22 日）

2017 年

土地宝诞节庆周日响锣（2 月 23 日）

同心社庆土地宝诞（2 月 28 日）

土地诞非遗申报呈文化局（2 月 28 日）

雀仔园福德祠醒狮贺诞（2 月 28 日）

三巴门庆宝诞祈民安（2 月 28 日）

沙梨头土地诞粤剧敬老（3 月 1 日）

同心社贺土地诞联欢（3 月 1 日）

雀仔园土地诞敬老联欢（3 月 3 日）

马拉诗巫庙宇节庆交流团赋归（5 月 15 日）

2016 年

雀仔园福德祠贺诞欢乐热闹（3 月 11 日）

2015 年

沙梨头坊众周五贺土地诞（3 月 16 日）

雀仔园坊众联欢贺土地诞（3 月 19 日）

以上资料均来源于《澳门日报》

永留人间的正气

——包公诞

陈达尧 ● 整理

沿着花王堂至嘉诺撒培贞学校的小路，步行到位于十字路口的福庆街，斜坡的下方有一个古色古香的建筑群，看似一体，其实内有乾坤。它是由四座建筑风格相同而管理组织相异的古老庙宇组成，它们便是吕祖庙、医灵庙、包公庙和南山庙。这里是澳门包公诞的发源地，也是澳门仅有的、极富特色的庙宇群。

包公诞下的包公庙

包拯，一位华人世界家喻户晓的青天大老爷，北宋人，为人正直清廉，素有“包青天”的美誉。他的传奇故事很多，相传他“日审阳夜断阴”，更是阎罗的化身，兼理阴阳，驱邪治鬼。

包公像

说到澳门包公诞的由来，不得不提澳门包公庙的“传奇”故事。据《包公庙宪论遵守碑志》所载，光绪十四年（1888），澳门瘟疫肆虐，三巴门一众善信叩禀天公，恭请包丞相游神出行，以驱赶瘟疫，沾包丞相神威及恩德，瘟疫得以驱散。为答谢神恩，善众于三巴门建庙崇奉包丞相。光绪十五年（1889），善众获政府批给空地一段，经捐助形式筹集资金后，终建成今天的包公庙。

当年的包丞相游神，是澳门有史录以来第一次大型贺包公诞活动。然而，对于为什么会恭请包丞相来驱除疾病，为什么选择那个地段建庙，碑志没有给我们一个明确的记叙。但据王文达先生所著的《澳门掌故》记载：

相传澳门包公庙之包拯神像，本来于清朝光绪年间，由一位居于三巴门附近之老妪，自佛山迎来澳门，奉祀于其家中者。当时坊人大多迷信，向其祈求问卜，每获巧验，于是众皆神之。适因光绪十四年，澳门疫症流行，有提议请扛该神像游行保安者，竟然获得宁谧，故坊人后逐倡议集资建庙焉。

据说坊人募得巨资后，正在三巴门附近选择地点，架棚筹备兴筑之际，讵于某夕，该棚之看守人竟谓在梦中得到包拯示意，指点建庙之正穴，并嘱在该处附近空地发掘，定能获得信物云云。弄众皆信以为然，果在现庙后座西南角处，掘得包拯玉印一颗，有重重之纱纸及红布封裹着，惜于发掘时竟被锄伤一角。因此坊人灵之，就在此地穴筑庙，即今之包公庙也。该颗包拯玉印，向供设于神坛上，廿余年前始告失踪耳。

包公庙内包公神龛

光緒二十一年歲次乙未孟秋吉旦
銘心鏤骨
沐恩凉水井定安社衆信等敬酧

光被四表

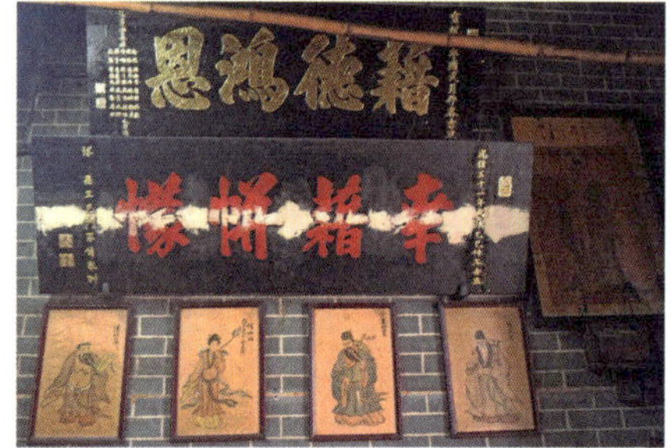
幸籍帡幪

冀北河清

節重河清
聖道昭彰

包公诞庙内的匾额

一个契机、一尊神像、一次游神和一次梦兆，错综复杂的邂逅与交织，令一切看上去都显得十分神奇与完美。然而，对于包公像游神能驱疫之说，其实也有其可信之处。每逢游神时，市民大众必对游行路线做一番清洁，且游神时的爆竹声及其硫黄味能驱除蛇虫鼠蚁，爆竹从古时起便用来驱除邪灵以防其入侵和干扰人类生活。可见之所以每逢疫症时，庙宇附近的地方疫症较少，以及游神活动后疫症会大减，便是由于燃放爆竹和大清洁的原因。

澳门包公庙就是在这样充满神秘而传统的色彩下诞生的。

繁华下的包公诞

澳门庙宇之多，使得每逢佛诞、俗神等诞辰都热闹非常。包公诞也不例外，这期间有神功戏、醒狮、宴会、游神等活动叩谢神恩，保佑风调雨顺、国泰民安，达至人神共乐。然而，随着社会的发展和科技的进步，且庙前空地在十多年前已变成今天的镜湖医院附属洗衣房，庆祝包公诞的活动已逐渐减少。

据包公庙梁庙祝的忆述，上一次较大型的庆祝包公诞活动，已是40多年前的事，当时是最后一次在包公庙前地上演神功戏。她解释，办活动最需要的便是人力和财力，而包公庙值理会是民间团体，没有大财团和热心人士的大力支持，以致贺诞活动一年比一年少。

最近的两次贺诞活动，一是1989年的包公庙百岁生辰，一是1999年的包拯千岁诞辰。屏门两侧上的楹联“盛典庆今朝一流河山司两制，廉风昭后世百年祠庙寿千秋”，便是千岁诞楹联大赛的冠军作品，当时还出版了邮集和书刊等纪念品。

包公诞庆典活动

以前每逢庙庆期间，一班理事都十分出力，如刘品良先生便是其中一位佼佼者。但随着老一辈善信渐渐老去和退出，贺诞活动已变成历史。

到今天，包公庙已没有什么贺诞活动，包公诞正日时的包公庙，还是与平时一样平淡地度过。

澳门人对于宗教的热诚，往往只集中在节日和庆典，而庙宇方面，一

包公诞庆典活动使用的道具

般都放置不同的神坛以便信众供奉。由于包拯的生辰日不详，所以澳门包公庙庆祝包公诞的日子，分别是农历的二月十五日、五月十二日和八月十五日。

梁庙祝坦然说道，来供奉包公的人与其他庙宇的人流差不多，偶尔会有一些旅客慕名而来。

朴实无华的庙宇

包公庙无论在规模还是外观上，都比不上澳门的三大古刹，但却返璞归真，简单而朴素的外貌令它与众不同。

包公庙是中国传统的硬山式庙宇建筑风格，采用“七檩前后廊”的结构，坐南向北，门口匾额刻着“包公庙”三个红色醒目大字，一对楹联位于两边位置，外墙和屋脊是传统岭南风格的石墙和青砖，外墙墙身刻有众神名称，屋顶和门楣以中国传统的吉祥图案装饰。包公庙与南山庙、医灵庙相邻，庙前空地已变为镜湖医院附属洗衣房，门口花园是一班公公婆婆的聚脚点。

包公庙正门

一进庙内，“中挡”两边供奉着门官和土地，庙内的石墙把包公庙分为三个隔间，右殿、正殿和左殿分别是太岁殿、主保神包公殿、金花痘母殿，而各殿内除主保神外也供奉着其他不同的神明。屏风和香炉把正殿分隔出多个活动空间，天窗折射入庙的光线，使得庙内显得庄严和神圣，神香燃烧的景象及香味的弥漫，使人沉醉，大量细小但精巧的装饰品使得庙内气派十足、简略而华丽。

现在，澳门特区政府有关部门会不时对包公庙进行保养，如包公庙的建筑是以石砖为主的传统风格，文化局人员会对墙身进行修葺，根据墙身承受力的状况而增减墙上的匾联，移去庙里其他合适的地方挂放。

南山庙

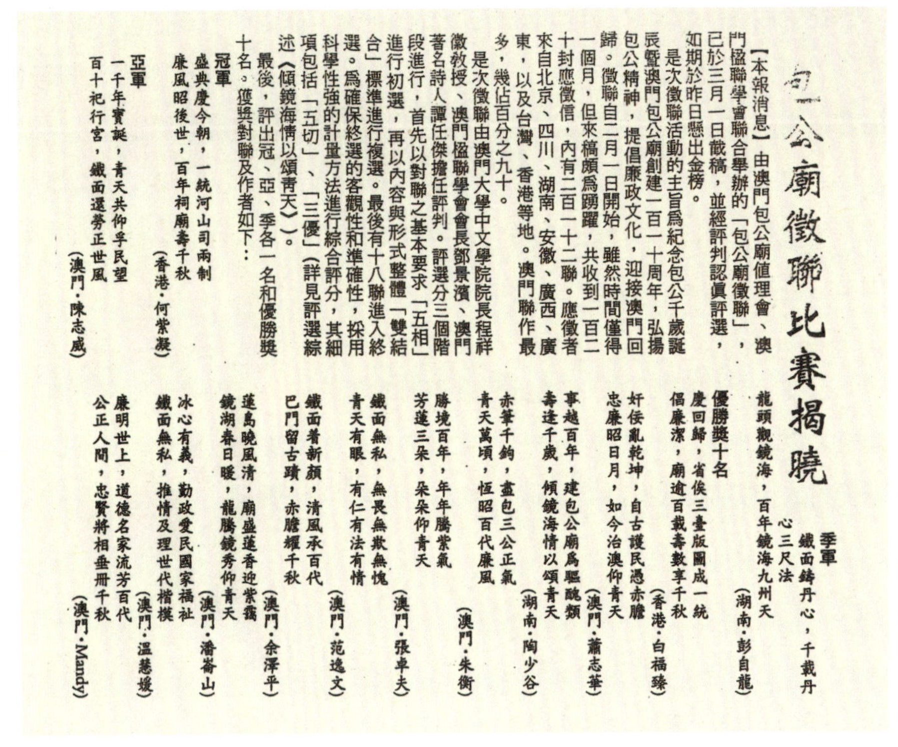

包公廟徵聯比賽揭曉

【本報消息】由澳門包公廟值理會、澳門楹聯學會聯合舉辦的「包公廟徵聯」，已於三月一日截稿，並經評判認眞評選，如期於昨日懸出金榜。

是次徵聯活動的主旨爲紀念包公千歲誕辰暨澳門包公廟創建一百一十周年，弘揚包公精神，提倡廉政文化，迎接澳門回歸。徵聯自二月一日開始，雖然時間僅得一個月，但來稿頗爲踴躍，共收到一百二十封應徵信，內有二百一十二聯。應徵者來自北京、四川、湖南、安徽、廣西、廣東，以及台灣、香港等地。澳門聯作最多，幾佔百分之九十。

是次徵聯由澳門大學中文學院院長程祥徵教授、澳門楹聯學會會長鄧景濱、澳門著名詩人譚任傑擔任評判。評選分三個階段進行，首先以對聯之基本要求「五相」進行初選，再以內容與形式整體「雙結合」標準進行複選。最後有十八聯進入終選。爲確保終選的客觀性和準確性，採用科學性強的計量方法進行綜合評分，其細項包括「五切」、「三優」（詳見評選綜述《傾鏡海情以頌青天》）。

最後，評出冠、亞、季各一名和優勝獎十名。獲獎對聯及作者如下：

冠軍

盛典慶今朝，一統河山司兩制
廉風昭後世，百年祠廟壽千秋
（香港·何紫凝）

亞軍

一千年實誕，青天共仰孚民望
百十祀行宮，鐵面還勞正世風
（澳門·陳志威）

季軍

鐵面鑄丹心，千載丹心三尺法
龍頭觀鏡海，百年鏡海九州天
（湖南·彭自龍）

優勝獎十名

慶回歸，省倏三臺版圖成一統
倡廉潔，廟逾百載壽數享千秋
（香港·白福臻）

奸佞亂乾坤，自古護民憑赤膽
忠廉昭日月，如今治澳仰青天
（澳門·蕭志華）

事越百年，建包公廟爲驅醜類
壽逢千歲，傾鏡海情以頌青天
（湖南·陶少谷）

赤筆千鈞，盡包三公正氣
青天萬頃，恆昭百代廉風
（澳門·朱衡）

勝境百年，年年騰紫氣
芳蓮三朵，朵朵仰青天
（澳門·張卓夫）

鐵面無私，無畏無欺無愧
青天有眼，有仁有法有情
（澳門·范逸文）

鐵面着新顏，清風承百代
巴門留古蹟，赤膽耀千秋
（澳門·佘澤平）

蓮島曉風清，廟盛蓮香迎紫靄
鏡湖春日暖，龍騰鏡秀仰青天
（澳門·潘崙山）

冰心有義，勤政愛民國家福祉
鐵面無私，推情及理世代楷模
（澳門·溫慧媛）

廉明世上，道德名家流芳百代
公正人間，忠賢將相垂冊千秋
（澳門·Mandy）

包公庙征联比赛揭晓名单

庙祝透露，次年新年过后会有一部分匾联移开。

虽然现在坊间已没有庆祝包公诞的活动，然而，包公庙到今天仍然香火鼎盛，可见廉正之风在澳门人心目中依然占据着重要的位置。

“虽不能至，然心向往之”，这也许是社会对美好事物的永久追求！

澳门包公庙简介

澳门包公庙始建于光绪十四年，翌年落成，距今一百二十多年。庙中《宪谕遵守碑记》志述了始建因由：光绪十四年，澳门遭受瘟疫肆虐，三巴门信众请来包公神像巡游，瘟疫消灭，为酬神恩而建庙。

包公名拯，字希仁，北宋时庐州（合肥）人，是历史上有名的清官，立朝刚毅，执法严明，深得民众敬仰，有“日断阳，夜断阴”之说。

澳门包公庙正殿的牌匾“笑比河清”源出于包拯传中的“立朝一笑比河清”，喻作“圣人出，黄河清”。这块牌匾和庙门的对联“政治洞阴阳识标青史，端严垂绅笏笑比黄河”成为清官文化的载体，它已经将驱除瘟疫的行动转化扩大为澳门居民宏观的政治要求。

澳门包公庙拥有重要文物，包括百年神龛，神像，舆轿，百年历史碑记，狮子龙头大香案，包相宝印，虎头铡刀，锡铸莲藕灯等和牌匾三十多幅，楹联多对，此外还有六十个雕刻精致，形象端庄，栩栩如生，神态各异的太岁像，这些文物和建筑构成了非常完整的澳门清官文化博物馆的主体。特别是其中的牌匾和楹联，具有很高的历史价值，被誉为澳门“小碑林”。这些牌匾和楹联数量丰富、字体苍劲、形象多样，是包公庙特有的打醮、谈神功戏和包公神像巡游的证物。

包公庙内除主殿祀奉铁面无私的包公神像外，还有偏殿的为本命年信众趋吉避凶而立的六十太岁、赵公元帅、朱大仙、观世音菩萨，为求财若渴者而立的财帛星君，为满足华人多子多福观念而立的金花娘娘、痘母、和合二仙及南山庙的钟馗神像，共有神像八十余身。

从澳门包公庙建庙前的历史背景、建庙的契机和牌匾的内容来看，澳门包公庙不仅成为澳门地区廉政、公理正义、为民请命、刚直不阿、驱魔除害、兼理阴阳的象征，更包含了超时空的爱国主义精神，从而成为一个多世纪以来澳门居民的精神支柱。

包公爷爷宝诞是每年农历二月十五，澳门包公庙值理会历年来举办了多次大型活动典礼恭贺宝诞。

在20世纪五六十年代时，每年包公诞值理会都会在庙前空地搭戏棚，邀请香港红伶公演粤剧神公戏，是当时三巴门街坊每年一大盛事。

1989年为庆祝包公庙建庙100周年，对包公庙进行翻新维修工程，在工程中发现被封闭了几十年、隐藏在庙内供奉钟馗的南山庙（据传闻当时镜湖医院殓房位于包公庙对面，而钟馗的职责是捉鬼，所以有居民要求封闭南山庙）。包公诞当天举行包公庙百年庆典暨百年纪念碑揭幕盛会，并由政府代表、社会知名人士主持剪彩，舞狮助庆及发行包公庙明信片，晚上举行盛大宴会欢庆华诞。

1999年为纪念包公千岁及创庙110周年，澳门包公庙值理会举办了多项大型公开活动，在3月27日首先由澳门包公庙值理会与澳门历史学会、澳门社会科学学会、澳门科教文中心联合主办“呼唤廉政——包青天文化研讨会”。

澳门包公庙值理会和澳门楹联学会联合主办包公千岁征联比赛，在众多参加者中选出冠、亚、季军，其作品悬挂在包公庙内，供游客、善信欣赏。

包公诞当天，在庙宇前地举行“纪念包公千岁宝诞暨澳门包公庙创建百十周年重光大典”，有政府官员、宗教人士、社会知名人士出席，并有醒狮助庆，派发寿包，发行纪念包公千岁首日封，很多市民排队盖章。晚上举行盛大寿宴。

澳门包公庙是澳门唯一最大最完整历史最悠久供奉包公爷爷之庙宇，每日都有很多善信及海峡两岸暨香港、澳门研究包公文化的学者来朝圣。

氹仔北帝

——那一方护佑神

阮世豪 ● 整理

崇拜水神的习俗

澳门，一处位于中国南方边陲的弹丸之地，它那三面临海的地理环境加上独特的历史，令这个小城由开埠初期的小渔村发展成为19世纪一个商贸频繁的海港城市，不少居民的日常生活都离不开海洋。面对着变幻莫测的大海，每个靠海维生的人都对它又爱又恨，海给人们带来收入的同时又无时无刻不在威胁着他们的生命，他们只好向上天祈求，望一帆风顺，平安归航。因此在澳门这个小城就逐渐形成了崇拜水神的习俗。

北帝，是澳门较多人敬拜的水神之一，北帝全称为北方玄天大帝。早在先秦时期已有信众崇拜，是中国最古老的神祇之一。相传北帝原为一只蛇龟相缠的神兽，名为玄武，它是在天上守卫着北极紫微的北方星神，与青龙、白虎、朱雀合称“四灵”。按道教五行之说，北方黑色主水，故护卫北方的

北帝诞庆典活动留影

北帝被人们视为一位水神，同时因为北方属黑色，所以亦有黑帝称号。

由于北帝信仰年代久远，历朝历代都受君王崇拜，人们逐渐将玄武人格化为大神，其间亦受了不少封号，包括佑圣真君和真武大帝。它由最初的水神，加封成为战神，有着消灾解难、治水御火和护持武运的神力。

澳门现时供奉着北帝的庙宇有两间，分别是氹仔北帝古庙和新桥莲溪庙，其中氹仔北帝古庙就把北帝奉为庙内主神并为它的诞辰举办贺诞活动。

氹仔北帝古庙

北帝古庙位于氹仔旧城区里地堡街旁的嘉妹前地，区内建有天后庙、三婆庙和医灵庙三间历史悠久的庙宇，北帝古庙前还留有一块宽阔而又空旷的庙前地，闲时有不少老人家在广场上聊天乘凉，孩童们追逐嬉戏，四周建筑依然保持着旧城风貌。

北帝古庙的建立日期可从庙内的《重修上帝祖庙捐签碑志》看到："兹我潭仔龙头环真武上帝庙，创建于道光阏逢癸卯之岁，坐位在巽乾辰戌之原地，枕一湾，诸峰朝拱门，环十字，四水归源……"此庙建于道光二十三年，即1843年，距今约有一百七十年之久。

北帝庙临水而建，庙门向北，据说当年除祈求风调雨顺之外，还为了迎来北方财水，作为风水庙之用。庙内建有一间四方亭，为古时人们议事及宣告事项之地，所以此庙亦曾被视作氹仔地区的公所。

北帝古庙主殿供奉着北帝，偏殿则奉有财帛星君、关圣帝君、华光大帝和金花夫人。

北帝古庙

北帝信仰长久以来已深深植根于氹仔小区，融入居民生活。以往遇有火警发生，村民都会带着庙内的七星旗到火警现场，望借助北帝治水御火的威能，迅速扑灭大火。由此可见，北帝在氹仔居民的生活之中已由单纯的水神逐渐成为家居保安的神祇。

农历三月初三北帝诞

现在每年到了农历三月初三北帝诞，北帝庙内外更是人山人海，平均有上千名来自全澳及邻近地区的善信专程到来祈福，他们都按照自己的家乡传统，带备香烛纸马、三牲果品等祭品在坛前供奉，以感谢北帝在去年的保佑，和祈求来年顺顺利利，合家平安。

北帝宝诞来临，除了信众们各自到庙里祈福外，街坊们也会组织一系列的贺诞活动。北帝庙内屏门之上挂有一幅当年值事广信店等所献的“帝

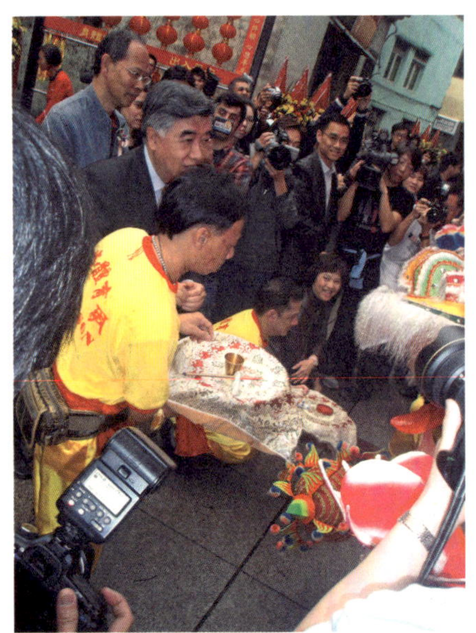

北帝诞贺诞活动

德恩深”的匾额，题于光绪二十四年（1898），额上刻有“沐恩酬恩建醮演戏”，可知北帝古庙贺诞神功戏早在19世纪后期就已开始举办，距今已有过百年历史。可惜在20世纪40年代因第二次世界大战，氹仔地区资源短缺，贺诞神功戏被迫停办，最后经过多方努力，终于在半个世纪后才重新举办，传统得以延续。

现时北帝诞是氹仔唯一一个上演神功戏的庙宇节庆。

氹仔北帝贺诞神功戏

据老街坊忆述，六七十年前的北帝宝诞贺诞活动非常隆重，是区内盛事，除了本土居民，还吸引了不少广州湾和粤西阳江等地的渔民到来参与，内容包括酬神仪式、请神仪式和神功戏演出等部分。当诞辰临近，值理会和街坊等热心人士都会走到街上募捐，筹集经费，商铺居民们都会大力支

北帝诞神功戏舞台

持，即使当时大部分居民的生活水平不高，但都愿意出钱出力。在筹款后，所得善款就用作请神功戏戏班和建戏棚等主要支出。

神功戏是北帝贺诞活动的重头戏，主要以粤剧作为表演内容，活动期间亦曾上演过木偶戏。由于过往氹仔居民的娱乐活动不多，所以每当有神功戏表演时，场场爆满。演出神功戏的戏班多请自香港和广州，从水路而来，到了诞辰前数天，居民就见到一艘艘红船泊岸，红船一行三艘，由一艘拖船领头，尾随木船。当年地堡街临近海边，共有三个小码头，红船就停泊在北帝庙前地对出的海边（今麦当劳快餐店附近）。在往后的几天，演员及工作人员皆生活于船上。

多年来的北帝诞神功戏中，曾经请到天上天和大罗天这些当年名噪一时的戏班来演出，还有不少知名的大老倌，包括任剑辉、新马仔和凤凰女等人，都曾在北帝庙前大展身手。

搭棚

戏棚是酬神仪式和神功戏的主要场地，建于北帝庙庙前地，高约十多米，由庙门一直伸延至海边，戏台与神坛成一直线，目的是使北帝可以安坐于宫中欣赏神功戏。以往的戏棚通常以竹或杉木作主体结构，再以葵叶作顶，葵叶成本较低并能防水透气，比现今使用的帆布棚顶更为清凉。戏棚内部的两边排着一张张的红木长椅，都是由富有的官商名人订下，作包厢和贵宾席之用。而在戏棚的正中央，设有一个名为公众棚的区域，这个区域并没有任何设施，只是空地一块，是专为市民大众而设，每当神功戏上演时，街坊们就会自备“私家座位”进场观赏，真真正正的“担凳仔，霸头位”。观众们自觉有礼，凡是自备高凳的人都会坐在后面，矮凳坐于前，睦邻友好，互相礼让。而戏棚门内两边都设有售票摊位，戏票收益都作为举办经费。

在戏棚上方，搭有一个小看台，安放了从氹仔各庙请来的神祇行宫，与北帝和市民大众一同看戏。

巡游

旧时的北帝宝诞贺诞神功戏有一传统，但凡神功戏开锣之前，街坊们都会由北帝庙出发到氹仔各庙，把神祇的行宫逐一请到戏棚来。现在还可以在三婆庙和北帝古庙的神坛上看到，大神像前都供奉着一位与其形态相似，但坐在轿子上的小神像，这就是神祇的行宫，用作出巡之用。请神仪式过程严肃，常以区内有地位人士或商铺老板作代表，四人一组，逐一把行宫从庙内抬出，队伍行进期间，奏着八音，敲锣打鼓，浩浩荡荡，沿途两旁不少善信上香参拜，途经施督宪街、卓家村、观音庙和松树尾（小飞象餐厅附近）等地。巡行完毕后，请神队伍随即返回戏棚，安置各神祇的

行宫到看台后，就开始神功戏演出。

数日之后，当贺诞活动完满结束时，街坊们就会把行宫们请回各自的庙宇里，待下次喜庆节日时再次出巡。

到了今天，这个行宫都已经很少使用到了。随着小区环境变化和居民生活习惯改变，请神仪式、公众棚和戏班红船等这些传统特色已不复存在。

虽然以上画面已不会出现在复办后的贺诞活动中，但那种热闹的节日气氛依然存在，依然吸引着区内居民。

复办神功戏

北帝宝诞贺诞神功戏在1988年由当时的海岛市政厅复办，四年后交给由街坊会组成的北帝宝诞筹委会接手，一直举行至今。复办后的北帝贺诞活动主要以政府和热心团体的赞助以及善长捐款作为主要经费来源，活动为期五天，包括上香恭拜仪式、龙狮巡游、神功戏和街坊善信聚餐。

农历三月初二晚，即北帝诞辰的前一晚，庙前地已灯火通明，戏棚内更传出戏曲乐声，原来神功戏已经开锣了。神功戏由初二开始直到初五结束，一连四天，每晚八时开演，约演出三个小时。剧目以喜庆内容为主，每晚不同，套套都是戏班的拿手好戏。

现在到戏棚看神功戏，不再需要买票和自备座位，棚内设有三百个座位，先到先得，经常座无虚席。观众多为中老年街坊，有时他们还带着自己的儿孙凑凑热闹，让青年一代感受一下浓厚的节诞气氛。

正诞仪式

到了三月初三宝诞正日早上，庙内外都挤满了人，有的是参加仪式的嘉宾，有的是筹备活动的团体，有的是诚心祈福的善信，场面热闹，人山人海。前一晚还在上演神功戏的戏棚，经过简单的收拾后就成了酬神仪式的会场，棚内设有座位，以供嘉宾和观众观礼之用。庙与戏棚之间的位置就摆放了一张供品案，案中央放着香炉，旁边还有生果、金猪以及元宝衣纸等供品。时候一到，就开始举行上香恭拜仪式，仪式包括嘉宾剪彩、上香、化宝、金猪敬神、醒狮挂红点睛和燃放爆竹等。

2007年，值理会在醒狮挂红点睛的基础上加入了龙狮巡游环节，当嘉宾们替龙狮点睛后，金龙和狮群皆由庙前地出发，环绕氹仔旧城区巡游一周，沿路燃放爆竹，驱除恶运。

酬神仪式嘉宾剪彩

酬神仪式供品案

“太公分猪肉”

上香恭拜仪式结束后，戏棚内的嘉宾和信众渐渐散去，而庙前地的另一边就慢慢热闹起来。在北帝诞期间，庙前地除了搭有一个主戏棚之外，附近还搭了一些体积较小的竹棚作其他用途。其中一个小竹棚里放有大长台，台上都放满了酬神烧猪，古时候过时过节，都会听到“太公分猪肉”，而这里就是分烧肉的地方。棚内的师傅们大刀阔斧地斩起烧肉，在旁的助手很迅速地一袋袋包好，街坊信众们纷纷来到这里排队，用烧肉券换领烧肉。每年氹仔的北帝诞都会用上二三十头猪，分数百斤的猪肉。这里的烧肉与市面上售卖的无异，但很奇怪，不少街坊异口同声地说：“拜神猪肉特别好食！”可能是神诞的关系，为烧肉添加了一种平时食不到的风味吧！

北帝诞当日除了上香仪式之外，筹委会内一群年轻的工作人员还在巴波沙总督前地（LARGO GOVERNADOR TAMAGNINI BARBOSA）设置

北帝诞“太公分猪肉”

了氹仔昔日风貌及北帝诞历史文化图片展览。展览展出从街坊邻里征集回来的珍贵老照片和远道从佛山祖庙（北帝庙）借来的北帝资料。通过这种展览，让宾客和年轻市民加深对氹仔和北帝文化的了解，使老街坊回味氹仔昔日的情怀。

联欢聚餐

经过一连四晚的神功戏演出，贺诞活动已接近尾声。戏棚内传出的戏曲声已变为人群的喧闹声，内里的设置已由一排排的观众席改为一围围餐桌，不知不觉已到了贺诞最后一个节目——联欢聚餐。参与聚餐的宾客，主要是区内街坊善信以及连日来辛勤劳苦的工作人员，聚餐除了庆祝今年的贺诞活动圆满结束外，也为街坊们提供联欢的机会，维系坊情。不少早已迁离氹仔的老街坊，都因为这次餐宴而重临旧地，和大家聚首聊天。

宾客们在戏棚里聚餐聊天，厨师们则在另一个棚里埋头苦干。原来北帝诞期间，还搭有一个给酒楼师傅们处理食物的小竹棚。他们在聚餐前，已把所需的工具和食材带到棚内准备。聚餐开始后，就会把新鲜烹调好的食物源源不断传到戏棚里供宾客品尝，直到聚餐结束。

这种有特色的到会方式在澳门已较少留存。

这一晚，街坊们就在这里畅谈畅食，高高兴兴地为一连五天的贺诞活动写下一个完美的句点。

小插曲

北帝宝诞贺诞活动复办了十多年，每年都顺利完成，但曾经也发生过一些有惊无险的小插曲。当中有一件小插曲与贺诞活动主场地戏棚有关。

按惯例，戏棚通常在农历二月中旬开始动工，诞辰前数天完全搭成，工期为十数天。事件发生在复办贺诞活动之后数年，当年戏棚如期在诞前建好，但天有不测之风云，有一强台风吹袭本澳，风势之大，就连北帝古庙旁不少旧式建筑物的瓦顶也被吹至翻起。街坊们心想那单薄的戏棚可能就此随风而倒，苦恼着失去场地之后怎样进行贺诞活动。

台风过后，大家赶紧查看戏棚情况如何，一看之下，众人大喜，眼前的戏棚丝毫无损，只移动了几分毫。大家合力把戏棚移正后，就可以继续准备贺诞活动。人们觉得戏棚不倒，除了搭棚师傅手艺了得之外，其实可能还因为得到了北帝保佑。

改变与不变

时代变迁，沧海桑田。以往一条平静的小渔村，变成了热门的旅游地点；以往北帝庙前地对出的海面，已变成了繁华的街道；以往的贺诞资金主要由街头募捐，现在变成了政府团体资助；以往贺诞的部分仪式已经与今天有所分别。

众多改变但热情不变。从街坊们讲述北帝诞古今时的雀跃程度可知，街坊善信们无论过去还是现在，都诚心地为北帝贺寿，热衷地组织和参与贺诞活动。在他们的心目中，北帝诞已由单纯感谢神恩的传统宗教活动，渐渐升华为一年一度大型的小区盛事。借着神诞凝聚街坊，开开心心地一同参与活动，使街坊邻里的关系不断加深。

将来，北帝宝诞贺诞活动的内容可能会随着社会发展等实际条件而有所改变，但只要居民的热情没有改变，北帝诞贺诞传统定会一代一代传承下去。

）参考资料（

1. 陈炜恒：《路氹掌故》，临时海岛市政局，2000。

2. 岑伟聪编著：《澳门庙宇之旅》，旅游学院，2011。

3. 澳门文化庙康体部编：《澳门庙宇图录》，2002。

4. 蔡珮玲编：《口述历史 5 · 神功戏与澳门小区》，澳门东亚大学同学会，2009。

北帝诞近年大事记

2018 年

氹仔坊众月中恭祝北帝诞（4 月 8 日）

2017 年

北帝庙唱戏酬神热闹非凡（3 月 10 日）

氹仔坊众恭祝北帝诞（3 月 31 日）

2016 年

北帝诞庙会弘庙宇文化（4 月 13 日）

2015 年

北帝宝诞热闹酬神（4 月 10 日）

氹仔坊众联欢祝北帝诞（4 月 25 日）

2013 年

氹仔坊众贺北帝诞场面热闹（4 月 13 日）

以上资料均来源于《澳门日报》

天后宝诞

——社区神的信仰力量

梁锦英 ● 整理

根据陈炜恒先生所著的《庙宇丛考》，天后是澳门渔业的守护神，也是澳门影响最大的行业神，亦是水上人崇拜的重要神祇。澳门供奉天后的庙有六家：莲峰庙、妈阁庙、普济禅院、渔翁街天后庙、氹仔天后宫、路环天后古庙。[1]其中以妈阁庙每逢农历三月廿三日的天后诞神功戏为澳门本地最隆重的庆祝活动。

天后信仰长盛不衰的原因

天后文化是澳门最具影响力的民间信仰之一，数百年来，天后信仰一直长兴不衰。从某种程度上说，这与民间相传不断的阿妈显灵之说不无关系。

1　陈炜恒：《庙宇丛考》（上卷），澳门传媒工作者协会，2009，第 209 页。

据澳门妈阁水陆演戏会会长侯榕根先生回忆，四十多年前，在天后宝诞演神功戏替“阿妈”（即妈祖娘娘）贺寿时，曾发生戏棚起火的事故。当年搭戏棚的材料与今天的不尽相同。过去使用葵叶，就像下雨穿的蓑衣般。但随着时代的进步，葵叶已逐渐被尼龙等新兴材料取代。正因为过去使用的是葵叶，容易着火，且宴席之时正值东北风，火势顺风而起，一下子就会烧至“大庙”（即妈阁庙）。火势本来凶猛，但烧至石狮子石级处时，风向即刻转为西南。侯先生在访谈期间忆起此事，当即呼喊“阿妈真是灵！”事后有解释，因为妈阁山的山势走向，风向立转，大庙顿时处于背风的角度，火势得以及时扑灭。

侯先生对阿妈的诚敬，正是普罗大众心目中妈祖灵验的展现。

天后宝诞神功戏戏棚

妈阁庙天后宝诞的庆祝仪式

根据澳门妈阁水陆演戏会理事长陈键铨介绍，天后宝诞的庆祝活动历时四日五夜，始于农历三月廿一日下午，终于廿五日晚。具体流程如下：

廿一日下午三时，演戏会主持开缘簿仪式，揭开天后宝诞庆祝活动的序幕。据介绍，庆祝活动前，该会工作人员向善信募集资金时，于缘簿记下所捐数目，收集后于廿一日进行开缘簿仪式，公开宣读善信捐赠数目，排出捐款数目最多的前五位。其后是祈杯仪式，获胜者可以把供奉阿妈的神龛捧回家供奉一年，次年今日，再将之奉回大庙。再然后则是舞狮，使气氛更加活跃。到六时则是神功宴开围的时间。饭后，晚八时，即欣赏第

天后宝诞神功戏

妈祖女神巡游，摘自《澳门 1990》

2005 年妈祖诞庆典活动，摘自《历史的跨越——纪念〈澳门特别行政区基本法〉颁布十周年图片集》

一场大戏——《六国大封相》。廿二日晚十一时即为子时，步入正诞，即在戏棚做贺寿的仪式，戏班演上一出《八仙贺寿》。廿三日下午演出《天妃送子》，据演戏会理事长指出，这是神功戏必演的剧目。当晚举行颁奖仪式，颁奖对象就是廿一日开缘簿活动中得悉的捐款数目最多的五位善信，他们将获得演戏会所赠的纪念品一份。

接下来两日下午和晚上将分别继续上演神功戏。

天后宝诞与妈阁社区

采访过程中，演戏会两位负责人始终强调信仰在天后信仰中的分量。他们不经意的口头禅“真是托赖阿妈！”“阿妈真是灵！”真实地道出他们心中的所信所想。难怪正如他们所说，他们数十年来义务筹备神诞的庆祝活动，乐此不疲，甚至自付交通费，每年耗费大半年时间筹备，可见群众参与的自发性相当强。

“旧时的戏曲演出，以敬神为正宗，人随神娱。但随着社会的发展，戏剧歌舞既有原始娱神的遗存，又有后增的娱人的成分。”[1]虽然信仰在街坊心中占据了很大的比重，澳门妈阁水陆演戏会的负责人在选戏的时候，总是以观众的口味为核心，而不是阿妈。他们对于为什么要以演戏的方式给天后娘娘贺寿，实在道不出所以然，亦无深究的意思。他们对此也直言不讳。可见，这种传统在很大程度上已失去了宗教最原初的意义，却更深刻地影响着他们的思想和行为，是一种集体的无意识。但恰恰是这样一种无意识，联系了妈阁社区的一众街坊，这么多年来，这一直是妈阁社区内最大型的集体活动。这意味着这种具有宗教功能的神诞庆祝活动，随着社会的发展，更多地发展成一种具有社会意义的文化活动，特别是在联系、凝聚社区方

1　申小红：《明清佛山庙会的酬神戏——以佛山祖庙北帝诞庙会为考察中心》，载《民俗风情》。

春节的妈阁庙（一）

春节的妈阁庙（二）

年三十晚妈阁庙的上香客

面发挥着积极、正面的作用。

正如理事长所言，以前没有演神功戏的庙宇现在都开始演了。他指出演神功戏使庙宇和整个节日的气氛都大大不同了，能凝聚人气。“如果在戏院演，支出可以更少。但完全是两回事来的。现在在庙前搭棚需时起码二十多天，做五日戏就得拆了。但这个价值是不能简单计算得出的。虽然花很多钱搭棚做戏很辛苦，但我们仍积极争取。”

结语

天后宝诞是妈阁街坊最大的定期性社区集会，是妈阁社区集体娱乐活动中一个不可或缺的项目。天后娘娘是传统妈阁社区的集体象征，对阿妈的崇拜仪式在过去一百年间已经成为社区宗教生活的中心。天后娘娘早已成为妈阁街坊心目中最重要的社区神了。

妈祖诞近年大事记

2018 年

妈阁庙大殿修竣重光（2 月 8 日）

妈阁水陆会周日起祝天后诞（5 月 4 日）

妈阁水陆会粤剧酬神昨开锣（5 月 7 日）

妈阁庙祈福贺天后诞（5 月 9 日）

2017 年

妈阁水陆会粤剧酬神开锣（4 月 18 日）

2016 年

天后诞神功戏周三开锣（4 月 25 日）

2015 年

妈阁大戏棚新概念传承文化（4 月 30 日）

妈祖哪吒信俗获国家非遗名牌（6 月 14 日）

以上资料均来源于《澳门日报》

四月八，条条醉龙舞起来

——澳门『鱼行醉龙节』

史研 ● 整理

澳门鱼行是拥有过百年的历史、因每年举办舞醉龙活动而闻名于全澳的一个社团。20 世纪 80 年代末，经“鲜鱼市贩职工联合会”与“海产鱼商总会”的一些元老鱼栏商的酝酿筹备，联合组成了“鲜鱼行总会”。1990 年 1 月 1 日，澳门鲜鱼行总会正式成立。

鲜鱼行总会为扩大团结，办好福利事业，下设营地街市、红街市、水上街市、下环街市、佑汉街市、台山街市、雀仔园街市等七个鲜鱼福利会。为丰富行友业余生活，还特设鲜鱼武术健身班、醉龙醒狮团等基层组织。此外，每年均举办春节敬老、鱼行传统节日“醉龙醒狮大会”、旅行、庆祝国庆酒会、公益金百万行及庆祝澳门回归联欢聚会等活动。在鲜鱼行总会带领下，鱼行各项活动规模更为扩大。他们继承了鱼行的优秀传统，年年组织四月八舞醉龙，派龙船头长寿饭，坚持不辍，并且越搞越好，名气越来越大，深受本澳及世界各地游客的欢迎。

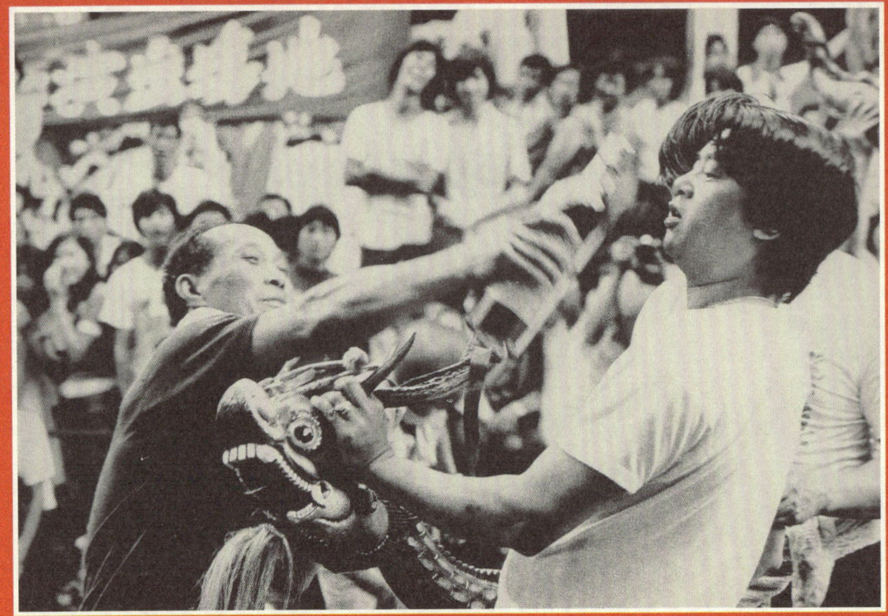

舞醉龙，摘自《逝水年华》

舞醉龙，摘自《’99 澳门》

“鱼行醉龙节”

中国传统文化源远流长、博大精深，它凝聚着中华民族的精神，影响着中华民族的发展。其中，重品尚和、自强不息、博爱大众、讲求和谐、增强凝聚力，是中华传统文化中最鲜明与持久的传统之一，至今仍有着强大的生命力。澳门“鱼行醉龙节”，就是中华传统文化园地里的艳丽花朵。

在我们访谈团队访谈时的2010年底至2011年初，可以说澳门市民还不太熟悉“鱼行醉龙节”这个词，但是一讲起澳门的舞醉龙，恐怕就无人不知、无人不晓了。

2002年舞醉龙，摘自《历史的跨越—— 纪念〈澳门特别行政区基本法〉颁布十周年图片集》（一）

2002年舞醉龙，摘自《历史的跨越——纪念〈澳门特别行政区基本法〉颁布十周年图片集》（二）

近年舞醉龙活动（一）

近年舞醉龙活动（二）

舞醉龙，在澳门扎根与传承已过百年，它最早起源于广东省香山县。相传数百年前，香山之地山岚瘴气长聚不散，毒虫猛兽四处出没，某一年，民间瘟疫流行，乡民于农历四月初八向佛祖求助，他们抬着佛像路过河边时，河中突然跃出一条大蛇，一位和尚正在喝酒，见状上前将蛇截为三段，蛇血流入溪中……奇迹出现了——蛇血流渗之处，长出一种小灌木植物（栾樨树），乡民舀溪水配以栾樨叶饮用，百病消除，于是他们将大蟒喻为神龙，以后每年四月初八，乡民舞木龙以谢神恩，并伴以煮龙船头饭，祈求风调雨顺、消弭水祸、百病不侵、老少平安，还以栾樨叶造成栾樨饼，作为应节小吃，以图吉利。[1]

随着香山县的不少人渐渐移居澳门，从事渔业和鱼类买卖，他们中的一些人也将四月八舞龙的习俗带到了澳门。背井离乡，一年辛苦，到了农历四月初八这一天，鱼行行友们必须上街舞动一番醉龙，乐和一天，体现的是游子心、思乡情。年年舞龙的过程中，澳门鱼行的舞龙也渐渐具备了自己的特色，这就是龙分龙头、龙尾两截，舞龙中伴以饮酒醉舞的动作。

百年延续，澳门舞醉龙已独树一帜。

构成整个“澳门鱼行醉龙节”的，当然不仅仅是舞醉龙这个环节，它还有其他重要的内容，如四月初八当日要为醉龙开光、点睛，之后是澳门各街市大巡游、醉龙醒狮采青，而最重要的，就是派“龙船头长寿饭”。年年四月八，鱼行行友们组织起来，捐钱捐物，忙碌通宵，又煮又炒，从派几千份到几万份，无怨无悔，年年坚持。澳门市民扶老携幼，排队几小时领取龙船头饭，所祈求和期盼的就是一个好彩头。刘洪老人诠释说：“就是祈求身体健康，大家开开心心，小孩子快快长大。”

1　此传说引自澳门鲜鱼行总会理事长关伟铭的演讲稿。

2003 年舞醉龙活动（一）

又见四月八，又见舞醉龙

年年四月八，行友们走上澳门街头与各街市，锣鼓喧天，鞭炮齐鸣，一对对醉龙在行友们手中舞动起来，龙头、龙尾互相呼应，双蒸酒饮入舞龙的行友口中，又喷向天空，洒下阵阵酒雨，引来市民、游客的阵阵欢呼。在营地街市、红街市、水上街市，众多行友忙忙碌碌，准备米饭、斋菜，架火烹煮，装入大盆，分成小盒，龙船头长寿饭新鲜出炉。每到四月八，一大早，澳门市民不分老少，无论烈日，无论风雨，无不欢天喜地，按序排队数小时，等候领取龙船头长寿饭。

四月八，是鱼行人的节日，是澳门市民的节日。

2003 年舞醉龙活动（二）

列为国家级非遗项目

前面我们为什么说到，访谈时澳门人可能并不清楚啥是“鱼行醉龙节”，那是因为我们访谈时，国家级的非遗项目尚未公布。

2011 年 6 月，国务院正式公布第三批国家级非物质文化遗产名录，澳门特区的“道教科仪音乐”“南音说唱”与“鱼行醉龙节”三项目成功入选，其中“鱼行醉龙节”列为第三批国家级非物质文化遗产扩展项目：民俗 X-85 民间信俗。

我们在整理访谈稿时，大好消息已然公布，因此我们的访谈稿标题及内容就有了“鱼行醉龙节”字样。

2003 年舞醉龙活动（三）

代代传承

四月八舞醉龙的背后，是鱼行行友的百年世代传承与坚守。有了传承与坚守还远远不够，怎么样才能使“鱼行醉龙节”一代代弘扬与发展下去呢？澳门鱼行人在深思并且在行动。他们在不断培养青少年了解澳门醉龙，参与舞醉龙活动，理解这些民俗活动中所包含的真正意义和文化真谛，懂得其中的价值所在，自觉承担起传承的重任，而不仅仅是看看热闹、走走过场。

澳门不少传统民间民俗项目，都具有古色古香、原汁原味的特色，不走味不走形，具备中华传统民间文化的“标本”意义，可以肯定地说，澳门“鱼行醉龙节”就是其中之一。

舞醉龙近年大事记

2018 年

鱼行醉龙节舞者倾力演出（5 月 23 日）

2017 年

镜海汇文 · 鱼行醉龙节（3 月 31 日）

鱼行醉龙活动下月举行（4 月 8 日）

博物馆日红街市遇醉龙（4 月 20 日）

鱼行明醉龙醒狮巡游贺诞（5 月 2 日）

国际博物馆日弘扬传统文化（5 月 4 日）

鲜鱼行总会育新血弘传统（5 月 4 日）

醉龙醒狮巡游锣鼓喧天（5 月 4 日）

2016 年

七地醉龙展演舞动濠江（5 月 14 日）

醉龙醒狮巡游锣鼓喧天（5 月 15 日）

年轻新血敢当醉龙传人

鲜鱼行传承醉龙节文化

鲜鱼行雅集讲堂弘传统文化

2015 年

鱼行醉龙节今年规模大（5 月 18 日）

两岸三地醉龙队展演热闹（5月24日）

传承妈祖信仰结合现代元素（5月25日）

鱼行舞醉龙大批市民游客围观（5月26日）

2013年

澳门鱼行醉龙节传递“非遗”薪火情（新华网5月17日报道）

醉龙节越办越精彩（5月18日）

鱼行校园推广舞醉龙文化（6月19日）

醉龙千姿舞现百万行（12月6日）

以上资料没有标明出处的均来源于《澳门日报》

洗涤心灵的细雨

——浴佛节

梁俊杰 ● 整理

佛教从印度东传至我国以来，千余年间一直对我国影响深远，林林总总的佛教寺院在神州大地上星罗棋布。远在南粤之地的小城澳门，也深受佛法的影响，数百年来，肃穆的古刹钟声在这里缓缓响起，伴随着我们一同走向心灵上的净土。除此之外，在每年的四月初八，这块土地上还会降下一场让人们洗涤心灵的细雨——浴佛节。

释迦牟尼佛的传说

每年的四月初八是浴佛节，即是佛教始祖释迦牟尼的诞生之日。据佛经所载，在印度北部有一小国名为迦毗罗卫，国王净饭王和其妃摩耶夫人深受人民爱戴，却苦于王妃婚后多年一直没有生育。有一天，王妃忽梦见白象入梦，从而怀孕，并于四月初八在无忧树下生下了乔达摩·悉达多太子，即是日后的佛祖。

佛祖刚诞生，就表现出异于常人的天赋。他自出娘胎便能行走，他前行七步，每走一步，地上就生出一朵莲花。他以右手指天，左手指地，更说道“天上地下，唯我独尊”。《普跃经》中提到此举震惊各方，九龙亦吐水给佛祖浴身，显出佛祖的尊贵身份。

随后佛祖变为一个普通的婴儿。由于母亲早逝，其在姨母的抚育下长大成人。在佛祖生活的年代，印度社会动荡，人民生活过得极不安稳。佛祖在二十九岁的一次外出，看见生老病死的现象，有所感悟，为解救世人，决意出家修行，并在三十五岁那年，夜睹明星而有所大悟，明白世上“一切皆空”的道理，成就无上正等正觉，得以成道。

莲峰庙老照片（一）

莲峰庙老照片（二）

澳门佛教的发展

自佛教传入我国以来，一直深深影响着我国人民，佛教寺院遍布全国，即使是在当时荒芜的南粤之地，也受着佛法的影响。澳门自古以来属广东，先后曾为番禺县及香山县所管辖，故此，澳门与佛教的渊源亦可从此追溯。在唐咸通年间（860—874），就有真教禅师来到香山地区（当时尚未设立香山县）一带弘扬佛法。及后数朝亦有高僧南来传佛，兴建寺院，弘扬佛法，而当中与澳门最有渊源的，莫过于澳门三大古刹之一——普济禅院的建成。

普济禅院的历史可追溯至明天启年间，院内现今尚存的石碑上刻有相关字样，可见寺院历史之久。禅院又名观音堂，在昔日望厦村之东，与莲

澳门普济禅院

峰庙、妈祖阁并称为澳门三大古刹，更被列入澳门八景之一，名为“普济寻幽”。庙宇规模在澳门来说可算是数一数二，主体建筑分为三部分：大雄宝殿、长寿佛殿和观音殿，其属禅宗南禅曹洞宗一派。

澳门佛教寺院除有属南禅曹洞宗一派外，另一重要流派必数净土宗，而当中以位处氹仔卢廉若马路的菩提禅院为中心。禅院创建至今未足百年，故禅院散发着浓浓的现代化气息，但又不失古味。净土宗在澳创始人智圆法师，是浙江金华人，早期于广州弘扬佛理，教化人民。后因日军南侵，逃至澳门，设立道场，弘扬佛法。1960 年，著名画家罗宝山居士逝世，其后人把他所修建的居所“菩提园”分拆出售，智圆法师购入其中主要部分，使菩提禅院成为净土宗在澳发展的中心。禅院依山而建，主体建筑有大雄宝殿、龙华堂、祖堂等部分。

莲峰庙武帝殿

除以上两座寺庙外，位处澳门北区的莲峰庙亦是弘扬佛理的重要基地。该庙与普济禅院同为澳门三大古刹之一，历史悠久。庙宇佛道相融，供奉多个佛教、道教神祇。庙宇内设有多个殿阁，主体建筑广三路、深四进，主要殿阁有天后殿、观音殿、武帝殿等。

澳门的佛教寺庙和道场除上述以外，还有不少处于社区之中。在各大寺院、佛教组织和善信的共同努力下，每年的四月初八——浴佛节的这一天，澳门总能见到各式各样的庆祝活动。

浴佛节在澳门

每年的农历四月初八，是佛教中的浴佛节。这一天，为纪念佛教始祖释迦牟尼佛的诞生，各地佛教寺庙都会开展各式各样的活动。因为相传释迦牟尼佛出生时，九龙吐水为其浴身，故以“浴佛”这一仪式最广为人知，亦成为四月初八这一天的重头戏。

浴佛仪式的开展有一定程序。一般而言，用来灌佛的水是五香水——由都梁、郁金、丘隆、附子、安息五种芳香植物浸泡或煎熬而成。浴佛的意思就是把当日九龙浴佛祖的景象重现，同时使信众在浴佛的过程中，以清净纯洁的法水来洗涤内心的污垢，纯净心灵，去除心中的恶念，使身心安宁，共同把世间丑恶转化为真、善、美。

除了浴佛仪式外，浴佛节当天的活动可说是多姿多彩的，各个佛教寺院内总是人山人海，人们参加各式各样的庆祝活动。不过，在回归前后，浴佛节在澳门的发展情况有着较大的差别。

回归前，澳葡政府奉天主教为主流宗教，佛教的节日几乎都得不到当时政府的重视，活动只能归隐于各大寺院当中，而当中又数位于氹仔的菩提禅院内举办的活动最广为人知。

由于其时的浴佛节活动缺乏政府部门的财力和行动支持，活动只能依靠佛教团体和善信的力量维持下去。故此，活动的规模并不庞大，参与人士亦多为信众。

虽则如此，活动的内容亦非常丰富，教人目不暇接。一般而言，早上主办方会于殿堂内举行浴佛仪式，在法师的引领下，信众一个个上前浴佛，用五香水洗涤自我的心灵，并祈求一年生活安乐，身体健康。在中午时分，寺庙方则设结缘素食，让人们在这个特别的日子中茹素护生，积功德，结善缘。下午，各佛教团体便于禅园外的花园中举行摊位游戏活动，旨在与民同乐，并借此弘扬佛法，点化众生。晚上，寺院则设有敬老素宴，筵开上百席，招待全澳各区的老人，促进寺院与社区间的互动，广结善缘。

在澳门其他佛教寺院，亦有各类的庆祝活动，唯大多只隐于寺庙中，基本上不对外开放，只是庙内僧人念经诵佛，在平淡中度过一天。

澳门重回祖国母亲的怀抱后，浴佛节的庆祝活动如同一日千里，发展迅速，尤其自 2000 年被列入澳门的公众假期清单后，浴佛节更是得到各方的重视。

自澳门回归以来，特区政府对于宗教事业的发展都给予鼎力支持。佛教作为澳门的主流宗教之一，自然亦得到了政府在财力和行动上的实质支持。故此，浴佛节的庆典活动得以茁壮发展，而当中又发展了以菩提禅院、莲峰庙及塔石广场三大中心扩展开来的活动。

菩提禅院

回归以前，澳门浴佛节庆祝活动的中心可说是菩提禅院，大部分活动都在禅院内进行。回归后，佛诞节活动分拆到各中心举行，菩提禅院的庆祝活动虽然不如回归前的状况鼎盛，但是其仍作为庆祝浴佛节活动的中心地之一，向寺庙外的社区扩展。在回归早期，菩提禅院内仍设有敬老斋宴，招待来自本澳各老人中心的长者，后来活动取消，但市民大众仍可到庙内的斋堂享用素菜，在这特别的一天茹素护生，为自己积福德，结善缘。

在菩提禅院内，最主要的活动是于当日早上举行的浴佛法会。其时禅院内的大雄宝殿聚集了信众，在法师的指导下进行浴佛，气氛庄严肃穆，亦有部分人选择以念经来使自己静下心来，寺院中处处能感受到安宁和祥和的气氛。

莲峰庙

由于澳门的佛教信众非常多，为避免过多的信众同时集中在部分寺庙进行浴佛，故此，浴佛节活动被分流到多个寺庙，而莲峰庙就是其中之一。莲峰庙位处北区各社区交汇点，来往关闸、台山、筷子基、青洲、祐汉等社区都非常方便，莲峰庙便因这个关系，成为北区居民进行浴佛活动的主要集中地。

在莲峰庙前地举行的活动，多由澳门禅净中心和莲峰庙值理会合办。活动除了供市民在庙内浴佛祈福外，主办单位亦希望透过活动弘扬佛法，教化众生，洗涤自我心灵，因而主办方设有摊位游戏、素食义卖等活动，更安排位于莲峰庙旁，前身为“莲峰义学”的莲峰普济学校的学生引领在场人士颂唱《三宝歌》及表演节目助庆，让澳门的下一代都能参与节诞，保持节诞的传承。

莲峰庙

塔石广场

三个活动中心当中，数塔石广场所办的活动最为大型。由澳门佛教总会联同其属下的佛教团体，在塔石广场举办大型嘉年华活动及庆祝法会。活动多命名为“佛诞 ×××× 嘉年华”，当中的“××××”为当年的佛历年。所谓佛历年，就是以佛祖释迦牟尼涅槃该年（前 543）为始年，换算方法为公元年份加上 544 年便可得出，如公元 2011 年即为佛历中的 2555 年，如此类推。

活动初期在议事亭前地（曾于 2007 年假渔人码头举行）举行，自 2008 年始迁往塔石广场举行，活动规模庞大，每年都邀请特区首长、政府主要官员、立法会议员、社会名绅及内地高僧等出席。在高僧的主法下，特首、各官员和民间代表均纷纷上台浴佛，为澳门这片莲花宝地祈福，期盼来年社会祥和稳定，居民幸福安康。在各嘉宾浴佛完毕后，市民亦排着队上台浴佛，为自己和家人祈福，去除一年下来所积的污垢和恶念，保持自己身心洁净。

除了浴佛仪式，大会还安排了多项有意义的活动和节目，包括义卖筹款、用以弘扬佛理的摊位游戏、捐血活动、结缘经书赠送等多项活动，其间舞台上更穿插着一些特色表演节目，如少林功夫表演，学生们献唱《佛宝歌》等，让整个广场空间都洋溢着浓浓的节诞气氛。

除了上述三个地方以外，在三盏灯圆形地、普济禅院等地亦有举办庆祝活动，活动虽然比较简单，却充满自身特色，有的场面温馨，有的庄严肃穆，亦各有支持者。

民间传统食品

庆祝活动之余，浴佛节亦流传着多样的民间传统食品，不得不提的就是茶樨饼。茶樨饼的茶樨，是一种学名为阔苞菊的野生植物，俗名为茶樨叶，故此得名。所谓茶樨饼，就是把茶樨汁液混在黏米粉、糯米粉、糖和开水中搓匀，倒入饼模，经蒸熟便可进食。糕饼蒸熟后呈深绿色，并发出独特的香气，入口甘中带苦，甚具特色。

佛诞进食茶樨饼这一习俗不流传于经典之中，个中因由亦不知晓，但有说茶樨饼入口带甘苦，寓意着人生中所经历的一切苦难，经大彻大悟后，一切将变成“甘甜”。

浴佛节勒石纪念

浴佛节吃栾樨饼这一习俗，一直在广东一带流传，港澳两地亦同样有这样的习俗。唯因世代的变迁，这一款传统食品渐渐没落，现在市面上更难以得见，教人可惜。

四月初八佛诞日，多彩活动祈安逸，五花八门的活动各有特色，但都紧扣着同一个主题——浴佛。一盆香水，一尊佛像，浴佛仪式代表着民众对佛祖所持的恭敬之心，更表达了他们的祈求与希望——让生活变得美好、幸福、安逸。

寄语浴佛节

每逢农历四月初八，澳门市面总是充满既热闹又祥和的气氛，浴佛节的活动，较之同日举行的醉龙节，少了一分热闹，却多了一分宁和与安静。

浴佛的意义，除了向佛祖表达敬意外，人们更是祈求透过浴佛，洗涤和净化自己的心灵，把心中恶念和所积污垢去除，还自己、还世界一片净土。

无奈的是，随着时间不断迁移，社会不断进步，人与人之间多了隔阂，喧嚣的世俗事渐渐充斥整个社会，人们的内心情操更有时无法自控，使自己冲入乱世俗流当中。

期望通过浴佛节，让这一场洗涤人心的细雨降落在这片莲花宝地上，让人人都保有一颗纯洁的心，令社会变得安逸与和平，让人们的生活都变得快乐、幸福，共同迈向美好的未来。

参考文献

1.《市民日报》

2.《华侨报》

3.《澳门日报》

4. 澳门佛教总会编辑委员会编：《澳门佛教总会会刊》。

5. 郑炜明、黄启臣：《澳门宗教》，澳门基金会，1994。

6. 澳门莲峰庙值理会口述历史访谈

7. 王文达：《澳门掌故》，澳门教育出版社，2003。

8. 岑伟聪：《澳门庙宇之旅》，培生教育出版南亚洲有限公司，2011。

浴佛诞近年大事记

2018 年

浴佛祈福何厚铧主礼（5 月 23 日）

2017 年

浴佛嘉年华祈国泰民安（5 月 4 日）

2016 年

浴佛嘉年华净心祈福（5 月 15 日）

2015 年

佛诞嘉年华共襄善举（5 月 26 日）

以上资料均来源于《澳门日报》

光辉岁月

——谭公诞

梁俊杰●整理

位于南海之滨的澳门，三面环水，面对茫茫大海，大多居民都以渔业为生，以海为家。在过往的时代，他们崇拜自然，同时也畏惧自然。海上的生活并不总是顺风顺水，渔民时常要跟暴风暴雨搏斗，为了有心灵上的依归，祈求出海能称心如意，他们自然就产生了一系列的水神崇拜，而当中的谭公，便是路环居民百多年来的心灵依归之处。故此，每逢农历四月初八谭公爷爷的诞辰时，我们每每能从路环这恬静的小渔村中，听到从贺诞人群中发出的由衷的欢笑声，感受到那欢乐热闹的祥和气氛……

谭公

在路环十月初五马路的尽头，有一座格外醒目的中式庙宇——谭公庙。谭公庙虽然并不是路环最古老的庙宇，但其落成至今亦有上百年的历史。

庙宇始建于清同治元年（1862），庙宇的建成年份可从内部古钟上的铭刻见证：“……同治元年岁次壬戌仲冬吉旦立……”

建庙的传说主要有二，一说为一渔民于路环与横琴间的海面上捞起了一尊谭公的木雕神像，并供奉之，结果拜祭过谭公的居民好事连连，于是其中五户倡议建庙，以表敬意。另外有说在很久以前，有一艘载着谭公神像的渔船驶经路环附近海面，忽然一阵狂风骤雨，与渔船一起并行的船只无一幸免，被狂风吹至翻沉，葬于大海之中，唯独那艘渔船避过此劫。自此以后，该谭公神像便被路环居民供奉，及后更建庙供奉，即我们现在所见的谭公庙。

谭公庙内陈设简单，中央神坛供奉主神祇——谭公。对于谭公的身世，坊间有多种说法，在《惠州府志》卷四十四《人物篇·仙释》中有关于谭公的记述：“谭公道者，归善（即今惠州）人也。居九龙山修行，不记岁月。

路环谭公庙（陈显耀摄）

每杖履出山，一虎随之，或为负菜，往返与俱，人甚讶之……”[1]而在邻埠香港跑马地谭公庙的《黄泥涌谭公庙志》及位处筲箕湾谭公庙中的《创建谭公仙圣庙碑记》载有“谭公原籍广东惠州，自幼即赋异，能知未来，治病如神。……农历四月初八谭公诞，本庙香火甚盛”[2]，“我筲箕湾之谭公仙圣，原由九龙峰来……”[3]。

凭此两则较为可信的记载，我们可大概得知谭公原名为谭公道，称谭仙，在道家中又称作“紫霄真人”，广东惠州人，在儿时曾当过牧童，并于成年时在惠州地区的九龙山（峰）上得道成仙。仙去后曾多次以小童形象显灵，在海上指引渔民归路，并为他们治疗疾病，以至预测海上变幻无常的天气。故此，他被渔家人民视为保护神，尤其在沿海地区，如广东、香港、澳门三地深受信奉，渔民纷纷建庙供奉，并多以其小童显灵形象塑像供设，形成了广东一带的“谭公信仰”。

澳门位处珠江出水口，属岭南一带地区，谭公信仰亦深深影响着这小块土地。除了今天路环谭公庙有所供奉外，位处九澳的三圣庙，也有供奉谭公爷爷的神像。

澳门地方不大，但供奉的水神很多，除了为人熟悉的天后娘娘外，谭公就是其中之一，而其更是历代路环居民心灵的重要依归之所。故此，在农历四月初八谭公爷爷的诞辰，路环这里总是充满喜庆和欢乐之声。

百年神功戏

每逢谈起贺诞活动，人们自然便会想到神功戏。每年四月初八谭公诞

1 转引自郑炜明、黄启臣《澳门宗教》，澳门基金会，1994，第10页。

2 转引自吴志良、杨允中主编《澳门百科全书》，澳门基金会，2005，第587页。

3 转引自郑炜明、黄启臣《澳门宗教》，澳门基金会，1994，第10页。

时，路环的晚上总是多姿多彩，当中最受瞩目的为谭公庙前地举行的神功戏表演。

所谓神功戏，是信众筹款请戏班来庙为神演戏贺寿，既娱神，亦娱人。据路环老居民忆述，路环办神功戏的历史可追溯至 20 世纪初。早期的贺诞神功戏并非今天我们所见的粤剧，而是乡民请人来路环演奏八音锣鼓、唱戏文（一种民间说唱艺术）。对于久居孤海小岛的老居民来说，神功戏是难得的娱乐机会，他们自然希望透过这个机会来获得更大的娱乐。故此，唱戏文贺诞的形式在数年后便被摒弃，取而代之的，是木头公仔戏，比起唱戏文，多了一重在视觉上的享受。但过不了数年，村民对木头戏亦感沉闷，便把木头公仔戏转为我们今天所见的粤剧，并一直维持至今。

过往路环的天后古庙也有办神功戏的习惯，由于天后娘娘和谭公爷爷的诞辰相距不远，故此，两诞辰前后的这段时间，便成了路环最热闹的日子。神功戏一场又一场地演出，平常缺少娱乐的居民一下子得到了许多满足。这段日子，可谓是路环人最欢乐的时光，热闹情况可比新年。当时，附近横琴岛上的居民也会趁着节诞，来到路环这边看戏，故此“天光戏”便应运而生。因神功戏多在半夜散场，来自邻近村落的居民难以连夜回家，故会在戏棚度过一晚，待翌晨才回到自己的村子去。在中间这一段时间，戏班会安排一些简单的剧目演出让人们消磨时间，是为“天光戏”。

但是，这样盛况空前的画面已经不复再见。由于成本上涨，加上路环人口锐减，在路环天后古庙上演神功戏已成历史，然而，谭公庙上演神功戏却一直延续至今。但是，当中也难免中断过数次，包括有日军侵华、“一二·三”事件的政治因素，也有曾因资金不足而停办。

自 1979 年路环街坊四庙慈善会正式注册后，路环的神功戏便再也没有停办。

谭公诞神功戏

今天我们所见的谭公诞神功戏，便是由路环街坊四庙慈善会一手筹办起来的。每年的谭公诞神功戏原始于初六共做九场，但近年来已改至初七才正式开锣，变为五夜两日共七场的演出。

教人津津乐道的是，谭公诞神功戏百多年来坚守传统，为世世代代的路环人带来无穷的欢乐。

较之澳门半岛其他贺诞神功戏，谭公诞多是邀请香港剧团过来路环演戏。据路环街坊四庙慈善会负责人忆述，所邀请过的有“仙凤鸣”“庆凤鸣”“雏凤鸣”“彩龙凤”等香港顶级剧团。风靡粤剧界数十年的小生、花旦，像任剑辉、凤凰女、林家声、梅雪诗等都曾来过路环演戏。近几年来则主要由龙贯天为首的“彩龙凤”剧团来澳演出。

除了小生花旦惹人注目外，在谭公诞上演的剧目也让演出增色不少。据了解，谭公诞神功戏在开幕时必演《六国大封相》，以显示剧团实力雄厚，班底强大。正诞四月初八当日多上演《天姬送子》以作贺寿，再伴以《龙凤争挂帅》《帝女花》等精彩粤剧剧目，让观众大饱眼福。

来到谭公庙前观戏，不得不提的必定是那偌大的戏棚。此巨型戏棚，相传可容纳上千人。要建造这般大的戏棚，庙宇前方必须要有充足的空间。近年来，随着城市的发展，庙宇前地的空间不断被周围的建筑所蚕食。所幸的是，由于路环以往一直孤悬海上，岛上经济并不发达，居民数量亦不多，所以大量的空地得以保留，今天的戏棚依然如往日般屹立在路环海旁，让游人市民享受贺诞之乐。

在戏棚的后方则设有神台，迎请路环四庙的神祇——谭公爷爷、天后娘娘、金花娘娘和观音大士四位神祇到场观戏。

谭公诞神功戏“敬老专场”

在早期的戏棚内尚有一个小食摊档，每年三月初一开投，价高者得。当日，摊档贩卖小食饮品，好不热闹。吆喝的叫卖声、人们的嬉笑声、舞台上的演剧声混在一起，难免显得有点喧闹，但这才有些生活的味道，让人感到亲切。

谭公诞神功戏还有一样东西值得介绍，那就是慈善票。售出慈善票一来是为了补贴演出神功戏的经费，二来亦是替居民积福德，向有需要的人们伸出援手。门票分前座、中座、后座，按照不同的位置而编排，坐得越前，价格就越高。

除此之外，四庙慈善会为了让长者们不花分文就能看到精彩的粤剧演出，推出了“敬老专场”。敬老专场多于初九或是初十的午间后举行，透过本地组织及横琴派出所方的协助，免费招待老人家和对岸横琴的居民看戏，并向他们送上饮品和蛋糕，用行动送上祝福。

四庙慈善会

随着路环人口不断外迁，今天路环市区的常住人口恐怕只有数百人，较之以往三四千人大大减少，所以今天神功戏的观众，有很大部分需要靠澳门半岛的居民买票进路环看戏。为了方便他们出行，四庙慈善会更安排了五至六台巴士到澳门半岛及氹仔各地接载，并在报纸上刊登信息，以便他们得知。人们在看完戏后，又可再次乘搭专车，在指定的站点下车回家。

每一次成功演出的神功戏，背后所花费的心力和金钱是观众们难以想象的。由于近年来物价高企，办一场娱神娱人的神功戏，动不动就要花上过百万。这笔庞大的资金，就是靠着一群值理们在背后默默付出。上百万的资金，依靠着他们到街上去沿门募捐，在居民们、渔民们、商户们的慷慨解囊下，加上卖慈善票的收益和各大政府部门的资助，一场又一场的神功戏在路环上演，见证路环的沧海桑田。

路环光辉四月八

较之本澳众多的中式贺诞活动，路环谭公诞的贺诞活动可谓五花八门。除了固有的由路环街坊四庙慈善会所办的传统演戏贺寿外，亦有路环信义福利会所办的“路环光辉四月八”，这两个活动穿插在四月初八的日与夜，使原本恬静的小镇变得热闹起来。

“路环光辉四月八”始于由信义福利会自1959年成立以来举办的“行善积福慈善行”，其本为坊众们趁着谭公宝诞组成队伍打锣打鼓前往贺寿，顺道借此机会募集善款，以促进路环地区的发展和公益福利事务。但随着社会的发展和公共福利制度的完善，募款的必要性逐渐减弱。故此，信义福利会对活动进行改良，使活动成为弘扬路环文化的主力军，在为谭公爷爷贺寿之余，更为市民、游客们推介路环特色，并期望活动召唤散居各地的路环人，重回昔日伴随成长的土地，聚首一堂，以盆菜聚乡情。

今天所见的“路环光辉四月八”，从早上的文艺节目会演、会景飘色巡游、上香参拜祈福，到下午的啤皇欢乐竞赛，再到傍晚的百席盆菜盛宴，节目丰富多样，让人目不暇接。活动的大本营设在近路环市区巴士站的打缆街，游人从巴士下车后，便见一大型花牌在远处招迎。慢慢步入打缆街，所有的会景飘色队伍整齐地排列在道路的左侧，有的身穿特色服装，有的则手持彩旗，但最为人所注目的，当为来自内地的飘色队伍，小孩子们早已装扮好一位位神祇，准备出发。

活动舞台设在打缆街的尽头处。舞台上上演着各式各样的文艺表演，台下更有金龙醒狮庆贺。除此之外，主办单位亦邀请了表演葡国土风舞的团体前来表演，一中一西，趣味盎然，彰显出澳门中西文化荟萃，多元文化共存的地方精神。

四庙慈善会第九届理事就职典礼留影

不得不提的是，会演中穿插具有路环特色的表演。路环信义福利会自2010年开始联同内地艺术学校和团体，打造了独创的“鲸鱼舞”，并邀请来自番禺的鳌鱼队表演“鳌鱼舞”，弘扬了我国传统文化，更为彰显路环特色出一分绵力。

随后，所有巡游队伍整装待发，待行政长官、主要官员、社会名绅等嘉宾在门牌前剪彩后，巡游队伍便陆续按既定路线巡游。队伍从打缆街出发，绕恩尼斯总统前地进入水鸭街，再经屠场前地取道船人街到达码头前地。队伍在码头前地环绕一圈后，再经船人街走至处于十月初五马路尽头的谭公庙，在谭公庙上香祈福后便沿庙后的船铺街、民国马路返回位处打缆街的主礼台，巡游到此方告完成。其间队伍载歌载舞，笑声不绝，游人市民无不停驻脚步，参与这场欢乐的盛宴，有的更到庙内上香拜神祈福，以保年年生活幸福和顺。

中式的拜神祈福，少不了的主角当然是烧猪。坊间相传，吃过祈神后的烧猪会保安康，故此，分派烧猪肉是各个中式节诞必不可少的节目。但在路环这小小地方，所派发的并不是一大块的烧猪肉，而是别具特色的“开心包”。

所谓“开心包”，其实就是在猪仔包中夹上一块已切片的烧猪肉。当中的典故在装着包子的袋子上清楚列明：“每年农历四月初八谭公宝诞日，路环居民必备三牲酒礼，水果鲜花，热热闹闹前往谭公庙贺诞祈福，传说酬神祈福后的烧猪祭品福泽万家，老少平安，故此祈福后的烧猪均会分派各家各户分享。随着前来参与祈福活动之游人善信渐多，为使人人得以分享，遂将烧肉切成片状，夹于猪仔包内，并取名‘开心包’，寓意参加祈福活动者，人人平安开心。”

每年的谭公诞，信义福利会都会准备三千多份开心包，人人有份，永不落空，希望福泽万家，与民同乐。

一轮庆贺之后，欢乐的气氛仍笼罩着这片土地，在谭公庙不远处的马忌士前地（即圣方济各教堂前方广场）又传来了阵阵悠扬乐声。信义福利会在此举办了啤皇欢乐赛，市民游客踊跃参加，在旁更伴以怀旧西乐和路环特色小食，气氛高涨热闹，直延至在晚上举办的“盆菜聚乡情”活动。

晚上的“信义盆菜聚乡情”活动在打缆街举行，放眼望去，整条街已布满一张张饭桌，让活动嘉宾、购买了餐券的宾客享用精致的盆菜，在打缆街末端的主礼台同时献上多场文艺会演。

昔日的宴会，只是二三十户各自拿出看家本领，烹调几道小菜，在路环大会堂中与众同乐，但到今天，已发展成筵开百席的盆菜宴。无论形式怎样变，当中的人情味丝毫不减。参与的宾客一边享用盆菜，一边观看表演，一同缅怀过去，一同诉古谈今。

百席盆菜宴，让欢乐的气氛席卷路环，让参与者无不尽兴而归，让暖暖的人情味感动人心，更让“路环光辉四月八”在一片喜悦声中圆满结束。

结语

时间巨轮推转，昔日尚为小渔村的澳门，早已变为今天的国际都会，在世界舞台上发光发热。原本孤悬海上的小岛，其浓厚的乡村风貌也慢慢地在变迁，跟现代化亦逐渐挂上钩。道路的开通，交通的便捷，使年轻一代别离这块伴随其成长的土地，到外面寻找属于自己的一片天。但一个谭公诞，一个保佑世世代代路环人的神祇，使所有的路环人又再一次相聚在这片见证自己成长的土地，一同看大戏，一同吃盆菜，一同为他们所尊敬的谭公爷爷贺寿，更一同缅怀大家昔日在路环的岁月，一同展望将来。

无可置疑，随着时代的变迁，路环昔日的辉煌——渔业已步入夕阳时期，谭公爷爷作为水神的角色可能已经逐渐减弱，但有一点作用却不断在壮大，就是谭公诞联结着散居各处的路环人。在其他人看来，可能连续数日的贺诞活动只是一场庆典，但在路环人的角度来看，散居海外，或在澳门，或在氹仔的路环人，一场节诞庆典，又重新把他们拉回到同一条线上。所有路环人的力量得以聚集起来，一心一意，同心同德，为谭公爷爷，更为弘扬路环传统文化而尽一份力。这就是谭公诞的意义所在。

参考文献

1. 张静：《升平戏乐——澳门戏曲》，文化艺术出版社，2010。

2. 蔡珮玲主编：《神功戏与澳门社区》，澳门东亚大学公开学院同学会，2009。

3. 陈炜恒：《路氹掌故》，澳门特别行政区民政总署，2007。

4. 路环信义福利会宣传单张

5. 路环街坊四庙慈善会口述历史访谈

6. 陈希明：《庆贺谭公诞 路环乐翻天》，载《澳门杂志》第76期，澳门特别行政区新闻局，2010。

7. 吴志良、杨允中主编：《澳门百科全书》，澳门基金会，2005。

8. 郑炜明、黄启臣：《澳门宗教》，澳门基金会，1994。

谭公诞近年大事记

2018 年

路环四庙五月演戏祝谭公诞（3 月 17 日）

2017 年

路环会景巡游热闹非凡（5 月 4 日）

2016 年

谭公诞醉龙节同日庆贺（5 月 6 日）

路环四庙粤剧敬老贺诞（5 月 17 日）

2013 年

四庙神功戏贺谭公诞（3 月 26 日）

路环四月八节目丰富（5 月 16 日）

2012 年

四庙慈善会神功戏敬老（5 月 1 日）

以上资料均来源于《澳门日报》

镜海沐深恩
——澳门哪吒诞

吴钰微 ● 整理

每年农历五月十八，澳门的心脏地带——议事亭前地上就会站满澳门市民、游客、信众以及一众表演队员。大家都在庆贺哪吒诞，锣鼓喧天，把原本已是旅游热点的议事亭前地变得水泄不通，一片欢乐的景象。

澳门哪吒庙

澳门这座小城，大大小小、各式各样香火鼎盛的中式庙宇林立，其中祀奉哪吒的庙宇有两处，分别是柿山哪吒古庙和大三巴哪吒庙。

柿山哪吒古庙

柿山哪吒古庙位于柿山老饕巷十五号，是一座有三百多年历史的小神龛。柿山哪吒古庙建于一块麻石之上，里头的石龛、神台、香炉、哪吒神像和门楣石额都是用原石雕成的，与显灵石相伴。[1]

相传柿山一带柿树林立，邻近的村童经常在古城墙水潭旁嬉戏，其间常常看见一个陌生的孩童，身穿肚兜，丫髻打扮，和村童一同游戏，并且站立在石上领导村童，虽然山坡陡斜，但并无意外发生。一天，该名孩童突然与村童道别，而山下村民见孩童脚踏风火轮而去，众人认为是哪吒太子显灵。另一说法是，有一葡国妇女在柿山看见一个身穿肚兜、短裤，丫髻打扮的小孩在石头上玩耍，很快又消失踪影，后来华人坊众认定此小孩是哪吒。于是人们在水潭边一块方圆数尺的麻石上建庙供奉“哪吒太子龙牌”，其所立之石则以“显灵石”纪念。[2]

柿山哪吒古庙“显灵石”

1 澳门柿山哪吒古庙值理会：《澳门柿山哪吒古庙特刊》，2006。

2 澳门柿山哪吒古庙值理会：《柿山古庙为何供奉哪吒？》，载《澳门柿山哪吒古庙特刊》，2006。

柿山哪吒古庙一角

因哪吒太子显灵之故，澳门坊众于清康熙十八年，即1679年，建“柿山哪吒古庙”奉祀哪吒太子。

娇小玲珑的神龛无瓦遮盖，善信参拜时受到“好天晒，落雨淋”之苦，于是在光绪戊戌年（即光绪二十四年，1898年），捐钱重修，在神龛外加建风雨亭，正名“哪吒古庙”。风雨亭有一石柱联，上面刻着：

镜海沐深恩祈福禳灾均显圣　　檐亭开四面晦明风雨不侵人

庙内挂满各个年代的匾额，印证了柿山哪吒古庙悠久的历史。

柿山哪吒古庙

大三巴哪吒庙

大三巴哪吒庙是一座小庙，与澳门地标大三巴牌坊相邻，位于其旁的一个山坡上，也是澳门历史城区的一部分，于 2005 年 7 月 15 日被列入世界文化遗产名录。

大三巴哪吒庙由相连的门厅及正殿构成，正殿深五米，四周的墙体全以青砖筑成，青砖表面抹灰，并重新描画了砖线。屋顶是传统硬山式，正脊高五米，檐口高三点四米，整体以灰色为主，是一座歇山式建筑。在山

大三巴哪吒庙

墙上有拱门，为正殿入口，右侧是哪吒庙的门厅，由于缺少天井作为过渡空间，部分屋顶重叠于正殿屋顶上。门厅三周均不砌墙，只以黑色的木栅栏围绕，与外面隔开。整个屋顶的重量由正面两条石立柱及插入正殿山墙的木梁所承托，建筑物整体装饰简约。[1]

大三巴哪吒庙建庙于 1888 年。澳门道教协会的《澳门道教科仪音乐》

1 《中国·澳门申报世界文化遗产澳门历史建筑群》，载《文化杂志》第 46 期，澳门文化局，2003。

一书中对大三巴哪吒庙建庙有一段记载：

> 据说该庙建庙之前，澳门瘟疫流行，罹难者众，当时有善信梦见一孩童脚踏风火轮，向大炮台山山上的溪水施法，居民认为这孩童是哪吒三太子，于是纷纷取溪水饮用，果然疫病消除，后来居民在大三巴牌坊旁建哪吒庙奉祀哪吒太子，以驱禳瘟疫。[1]

过去，澳门鲜鱼行曾分别向柿山哪吒庙、大三巴哪吒庙赠送牌匾，柿山为“哪吒古庙”，大三巴为“哪吒庙”，两个牌匾至今犹存。

哪吒信仰

由柿山古庙的建庙时间可知，澳门已有三百多年的哪吒信仰。

哪吒在人们的信仰中是一位亦道亦佛的神祇。

依据民间传说和一些历史记载，哪吒是一位神通广大的人物，太乙真人的徒弟，玉皇大帝驾前的大罗仙。明朝古典神话章回小说家许仲琳在《封神演义》中称，哪吒乃灵珠子转世，为了辅佐姜子牙灭殷兴周，于前1139年重阳节降生为陈塘关总兵李靖第三子。

哪吒出世也是非同凡响的。李夫人怀胎三年零六个月，产下一肉球，李靖大惊，挥剑砍向肉球，忽然光芒四射，从中跳出一个男孩来。太乙真人为其取名为哪吒，并收为徒，赠予“乾坤圈”和“浑天绫”两件宝物。

哪吒七岁时，在东海玩水，和东海龙王三太子敖丙大打出手，抽其龙

1　吴炳志、王忠人：《澳门道教科仪音乐》，澳门道教协会，2009。

筋。东海龙王见儿子惨死，请来另三位龙王共商报仇之计。龙王到陈塘关兴师问罪，决定要水淹陈塘关。哪吒为免连累父母，当场自刎，剔骨还父，割肉还母。事后，其师太乙真人折荷菱为骨，藕为肉，丝为筋，叶为衣，并授以密法，哪吒才得以还魂复活。

复活后的哪吒得到其师再赠“火尖枪”“风火轮”和“打仙金砖”三件宝物，助姜子牙出兵伐纣。功成名就后，哪吒位列仙班，被封为中坛元帅，率领四方神仙，继续施惠于民，得到百姓延续不断的香火奉祀。

澳门哪吒诞的系列仪式均以道教仪式进行。道教是源自中国民间的宗教，产生于东汉末年，于公元3世纪时传入广东番禺，当时澳门隶属于番禺。[1] 历史上有一条资料可作佐证——流传广泛、古老著名的陈娇仙女传说。[2]

澳门的两间哪吒庙都称哪吒为“三十三天哪吒太子”，是澳门独有的地方特色。“三十三天”源自佛教。帝释是佛教护法神，是忉利天之主，居于须弥山顶的善见城。须弥山顶中央为帝释所住的帝释天，四方又各有八天，共三十三天。须弥山的四面山腰是四大王天，四大天王皆居于此。[3] 哪吒之父李靖有“托塔李天王”之称，是由佛教四大天王中的北方多闻天王“分化”出来的。[4] 民间绘制的不少李靖画像都以一手托塔、一手持剑的形象示人。故“三十三天哪吒太子”为北方多闻天王太子之意。

澳门哪吒信仰是以民间崇拜的形式出现的。哪吒被澳门人视为一个地方的保护神，驱瘟祛疫，消灾保安。

1 郑炜明、黄启臣：《澳门宗教》，澳门基金会，1994，第2页。

2 《澳门宗教》转引自申良翰《香山县志》卷之十《外志・仙释》。

3 马书田：《中国佛教诸神》，团结出版社，2010，第176页。

4 马书田：《中国佛教诸神》，团结出版社，2010，第196页。

哪吒诞

澳门传承了几百年的哪吒信俗，为本地信众净化社区、驱除瘟疫，祈求风调雨顺、国泰民安的民间习俗。根据文献记载，哪吒诞于光绪二十四年（1898）就已在澳门有活动程序记录了。哪吒诞是澳门民间节庆中颇具规模的典型活动之一。

在澳门这座小城，多间庙宇供奉着同样的神明，恭贺神诞时，各庙宇都有自己独特的做法。两家哪吒庙也一样，各自筹办哪吒诞，令农历五月的澳门散发出独特的民俗色彩。

1967 年，澳门“一二·三事件”之后，两庙的哪吒太子宝诞均作出了少许改动。柿山古庙的大型贺诞活动如哪吒太子出巡、神功戏、抢炮活动停办了，唯独打醮活动每年继续进行；至 1996 年澳门柿山哪吒古庙值理会重组，各项活动才得以复办。大三巴哪吒庙停办了“飘色巡游”“哪吒太子巡游保安”“醒狮采青”等大型室外活动，然而庙内举行的相关祭祀活动从未间断过；于 1988 年后开始复办所有户外活动。

柿山哪吒古庙三十三天哪吒宝诞

昔日柿山哪吒古庙举办的“三十三天哪吒宝诞”长达五天四夜，非常隆重；贺诞活动主要由神功戏、抢炮和哪吒太子圣尊出巡三个部分组成。今天，一切从简，“三十三天哪吒宝诞”缩短为五月十七、十八日两天。

先在哪吒庙斜巷搭建竹棚，为农历五月十五“回銮”做准备。所谓“回銮”，就是指“请”哪吒等神像回庙。譬如今年“抢炮”成功，把各神像“接”回家了，那么明年在农历五月十五那天就得把各神像“请”回庙。由柿山结义堂护法醒狮队前往善府，非常隆重地“接炮”，把神像恭迎回柿山，然后升座在戏棚上。

农历五月十七的晚上，有一个恭贺哪吒太子宝诞的晚宴，接待柿山哪吒古庙的嘉宾和一众街坊。在哪吒庙前地及街道上搭建竹棚，请人到会做菜，可设三十多桌。一众街坊、嘉宾聚首一堂，共贺哪吒太子宝诞。2003年由于沙士（即SARS，非典型肺炎）的影响，到会晚宴停办了，翌年改为在酒楼办晚宴。

晚上十一点是开印仪式，由值理会里的六至八位高层和一两位外来的嘉宾一起参与并上头炷香。印是指哪吒太子的帅印，盖过宝印，寓意“风调雨顺，国泰民安；阖众安康，家宅平安”。柿山哪吒古庙的主席手持帅印在平安符盖上宝印，至在庙门“开印大吉”盖上宝印结束，历时大约半小时。每年开印后，柿山哪吒古庙都会准备一二百份的平安符，分派给街访和善信，作保平安之用。有时甚至应善信的要求，帮他们盖在手上、肚皮上，拿来的衣服上之类。

柿山哪吒古庙值理会执行主席郑权光说，一直以来，善信们都会要求盖在新的、干净的衣服上，小朋友的毛巾上等留作保平安之用；像他一样一直居住在柿山的老街坊，从小到大习惯了每年哪吒诞一定会把宝印盖在肚子上。当晚众多善信都前来上香，请求平安符，祈求保佑阖家安康。

柿山哪吒诞老照片（一）

柿山哪吒诞老照片（二）

柿山哪吒诞近年活动照片（一）

柿山哪吒诞近年活动照片（二）

农历五月十八哪吒正诞当天，早上九点开始，至下午四点都一直进行着不同的活动。首先是分灵开光仪式，接着进行打醮的祭祀仪式，最后就是哪吒太子圣尊出巡仪式。

打醮的祭祀仪式中有一个“超幽”的仪式，用作超度幽灵之用。“超幽”的目的是净化社区，希望所有的街区都是平平安安的。接着会化宝，包括一个“大士”（又称鬼王的巨型纸扎祭品）、一个“判官”、两个“水卒”和一匹“马”，共四类纸扎祭品。

上午十一点，当天的重头戏开始了。哪吒太子升座于銮舆之内，由八名男性抬着出巡大约两个半小时，柿山结义堂醒狮负责护送。巡游队伍浩浩荡荡地在澳门的街巷中穿插，相当热闹。

农历五月二十日，假卖草地进行抢炮活动。

农历五月二十一日举行“送炮”仪式。各成功抢炮之会馆或人家，按炮号顺序恭请菩萨回所属会馆团体或家中奉祀，由结义堂护法醒狮队前往善府上，热闹非凡。至此，是年的哪吒太子贺诞活动也暂告一段落。现在由于“抢炮”活动取消了，我们也无法看到当年的热闹景象了。

大三巴哪吒庙哪吒宝诞

大三巴哪吒庙的哪吒宝诞，贺诞活动与值理会会庆并举，一系列的庆祝活动长达四天；过往是连续七日七夜的活动。

大三巴哪吒诞近年活动照片（一）

大三巴哪吒诞近年活动照片（二）

农历五月十六日，早上九时开始，假大三巴哪吒庙前地举行“消灾保平安建醮祈福法会”，祈求风调雨顺，国泰民安，历时一两个小时。中午十二点举行“祈福赞星转运仪式”。下午二时开始进行“超幽”仪式，在东、南、西、北四个方位立幡招魂。通过“超幽”活动，超度亡魂，祈福消灾，并派发装有福米、神茶、哪吒符的祈福包给小孩，保佑快快长大。晚上七点三十分，神功戏在大三巴哪吒庙前开锣。

农历五月十七日，早上十时三十分开始表演，接着是抢炮（停办多年，于 2011 年复办）。下午二时三十分，在大三巴哪吒庙前举行“飘色贺诞巡游”起步礼，飘色巡游正式出巡。途经大三巴牌坊、卖草地、板樟堂、议事亭前地、十月初五街、沙栏仔、连胜街、茨林围等世界文化遗产城区，最后回到哪吒庙。巡游吸引了不少市民、游客，途经之地皆变得水泄不通，热闹非凡。晚上七时三十分，续演神功戏至十一点。晚上十一点，在庙内举行仪式，八仙朝拜贺寿，请哪吒真身入座銮舆。善信们争相分享进献的金猪、水果，图得消灾祈福的好彩头。

农历五月十八日，举行“抬神出游和醒狮贺诞采青活动”。大三巴哪吒庙值理会会长叶达先生说，五六十年代时，早上八时出发，跟着醒狮去雀仔园、下环街、黑沙环。那时的哪吒巡游保安是两天的活动。哪吒诞当天还会派饭，善信、街坊们都回家拿一个大碗，领取含有眉豆、猪耳、芽菜的祈福饭，图个好彩头。哪吒太子的銮舆出巡，有醒狮、八仙护行。巡游队伍中沿途有人负责洒圣水，意为辟瘟除疫保安康。传说大三巴哪吒庙的“灵泉治病”[1]，所以，每年的哪吒诞巡游保安活动都有“洒圣水”这一环节。

巡游现场还会给游客盖哪吒印符祈福。现在为免交通出现混乱、堵塞等状况，巡游路线集中在历史城区进行。

采青队伍分为三条路线：第一号线是福隆新街，第二号线是北区，第三号线是氹仔。早上九点，汽车运载着銮舆，货车载着采青的狮队前往第三号线氹仔采青；下午两点转到第一号线进行采青。采青的狮队每一队有二十多人。2011年狮队的师傅有六十多人，加上理事和负责点燃爆竹的善信也有一百人。

下午二时三十分开始，继续上演神功戏，大约演两个小时，到五点左右结束；晚上七时三十分又有另一场，至十一点结束。

农历五月十九日晚举行哪吒宝诞暨会庆联欢宴会，每次都设席七八十围，差不多有一千名的官宦名流、市民信众参与。

1 吴炳志、王忠人：《澳门道教科仪音乐》，澳门道教协会，2009。

祭品

郑权光先生说，祖辈曾交代过，每年的哪吒诞一定要有一个白猪头和一块白肉，即是灼热的猪头和猪肉，作祭祀仪式之用。但现在因令人觉得很不安，改用乳猪头代替，因为乳猪头比较小。而在台湾，直接用一整头宰好的生猪和生羊来做祭品。其他祭品，如鲜花、生果，是最主要的。近几年来，每年台湾的嘉宾来澳门参神，都会带来一些祭祀的用品，如糕点之类。其中最特别的是，他们大多会买一些糖果来祭拜，如“珍宝珠”，一种棒棒糖。今年的哪吒诞也带来了两大包，有时还会放一些玩具在祭坛上。

叶达先生说，祭品包括鲜花、水果、酒、福米、蟹、烧肉、鸡、蛋等传统的祭品。

纸马方面，最特别的是“超幽”仪式上用到高三四米的“大士”、两个“水卒”、一个“判官”和一匹“马”，这四类纸扎祭品。

纸马中的马

神功戏

神功戏是哪吒诞中一个重要的活动。每逢哪吒诞，两间哪吒庙均在其庙前用竹搭建戏棚，人神共娱。戏棚中的戏台位置要设在庙的对面，让神祇可以观看演出，达到酬神的目的。[1] 过去，柿山哪吒古庙的戏棚差不多有二十米高，跨过街道，从庙一直向四周延伸至附近的民居；而大三巴哪吒庙的戏棚也有二十五米高，棚架用竹竿和葵。现在大三巴哪吒庙附近建了房子，戏棚范围比以前大概缩小了十米左右，高度也变为二十米高。

20 世纪 20 年代，柿山哪吒古庙是做木头戏的，到了 60 年代改为做大戏，即粤剧。

1967 年，由于时局问题，两庙的神功戏都停办了。

1996 年，柿山哪吒古庙恢复了庙会活动，并请值理会的会员做折子戏、曲艺晚会等。第二年，值理会邀请澳门的曲艺社来表演助兴。2003 年，柿山哪吒古庙的曲艺活动正式停办，因为举办曲艺活动，需要向政府申请封路搭棚，这期间对群众的影响很大；另外，举办神功戏所牵涉的资金庞大，这些原因导致柿山哪吒古庙取消了神功戏这一活动。

叶达先生说，曾经大三巴哪吒庙的神功戏是做足七天七夜的。随着社会的发展，连续七天的活动，被人投诉，影响市民，变成现在的三晚一白天四场戏。

神功戏多是些为人所熟悉的剧目，如《六国大封相》《华山救母》和《白蛇传》等。

1　宋宝珍、穆欣欣：《人神共娱》，载《走回梦境：澳门戏剧——澳门艺术丛书》，文化艺术出版社，2005。

抢炮

抢炮活动自光绪二十年（1894）开始举办，直至1967年停办。后来，曾在2006年在议事亭前地重新表演。一直以来，在澳门有不少供奉哪吒太子的会馆和团体，统称为花炮会。现时挂在澳门柿山哪吒古庙值理会会址的花炮会木牌共有十六个，有英伟堂、群义堂、结义堂、合义堂、金兰堂等，会馆名称多围绕忠义之词来命名。其中结义堂自1922年成立以来，一直延续活动，是澳门历史最长的花炮会之一。[1]

有关哪吒的花炮一共有八个，分别为：第一炮，添财炮；第二炮，添丁炮；第三炮，添财炮；第四炮，添禄炮；第五炮，添福炮；第六炮，添寿炮；第七炮分正、副两炮，也是最灵的炮，第七正炮为添丁炮，第七副炮为添财炮。

抢花炮时用的凳子，上置炮架

1 陈希文：《哪吒文化创出新天地》，载《澳门杂志》2011年总第81期。

添祿炮
添財炮
添丁炮
添福炮
添丁炮

錦輝堂
青年堂
青聯堂
金蘭堂
勝意堂
合意堂
合眾堂
合義堂
合勝堂
群義堂
群英堂
英偉堂
結義堂
傑義堂
孔懷堂
容嘉樂堂
柿山哪吒古廟歷年花炮會

柿山哪吒庙花炮会

因为第七炮最“灵”，所以因应善信的需求而“分灵”出两个炮来，故“分灵”又称作“炮生炮”。花炮除了哪吒太子外，还有别的神祇，如紫薇、财神、关帝等。

曾经，每逢农历五月二十日，柿山哪吒古庙都会于卖草地举行抢炮活动。每次大概会有四五个会馆派遣精英参与抢炮。举行祭祀仪式后，抢炮活动正式开始。由主礼人公开展示炮号，代表炮号之铜钱置于炮架上的炮筒内，由爆竹弹向高处落回地面，各个炮会的精英人马蜂拥而上，去抢所请之炮。第一炮至第二十多炮抢炮完成后，抢炮活动结束。

成功抢炮的会馆或善信，按炮号顺序恭请菩萨回各自家中奉祀，并由结义堂护法醒狮队前往府上，供奉时间为一年。当时的会馆或人家为求请到心中的菩萨到会馆或家中坐镇，不惜重金礼聘抢炮手夺炮。

“抬神”出巡

“抬神”出巡的用意为，请哪吒太子巡游澳门，为澳门驱瘟祛疫，佑护濠江。农历五月十八日，哪吒正诞当天，由八名男性抬着銮舆出巡，銮舆安放着哪吒太子圣像。

以柿山哪吒古庙的“抬神”出巡作为例子，谈谈出巡的过程。当日上午十一点，哪吒行宫升座銮舆，由八人抬着出巡。昔日抬神者必须为“花仔”，即是十五岁至二十岁之间的未婚男子。

哪吒太子出巡有固定的阵势。行宫前面有头牌、铜锣、幡旗及护法狮、龙作先锋护行（2011年，曾派出两条龙，八头狮）；再有人抬着两帧“肃静”“回避”和两帧“哪吒太子”的高脚木牌，高举绣有“哪吒古庙”字样的旗队；其后还有一众举铜扇、担花篮和圣水桶的童男童女，沿途撒鲜花，

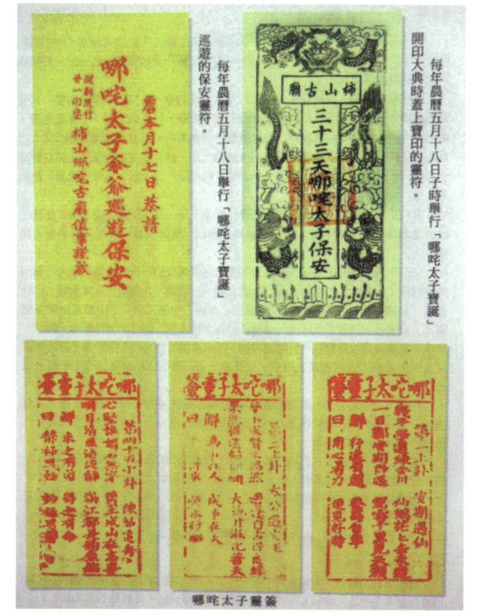

柿山哪吒古庙哪吒诞出巡所用哪吒太子龙牌、灵签、铜扇、高脚木牌等

用柚子叶挑拨圣水洒向四周，作辟邪、净化之用；接着是扮演金吒、木吒、哪吒的童子阵；由来自各地的行宫和值理会成员组成的队伍引领哪吒太子行宫出巡，后有罗伞护荫；最后是八仙和参神的醒狮队伍。

巡游队伍中一定有一个头上扎了个丫髻，身穿绣有莲花的红色肚兜，一手拿着火尖枪，一手持着乾坤圈的小孩，他就是巡游队伍的“哪吒仔”，和传说中哪吒太子的形象呼应，惟妙惟肖，是巡游队伍中的一个看点。有时因当年扮演“哪吒仔”的善信踊跃报名，那年的出巡还会出现好几个“哪吒仔”。

过往的巡游路线是从柿山古庙一直到西湾半边橙，再折返回庙。基本上是一早出去巡游，到夜晚才回庙。现在，由于社会的发展变迁，为免对交通造成不必要的影响，巡游时间都控制在两个半小时以内。每年的路线略有不同，但大致都是围绕中区巡游的。（见表一）

表一：柿山哪吒古庙的巡游路线

年份	路线
2006	哪吒太子圣尊由柿山哪吒古庙起驾，经哪吒庙斜巷、白马巷、卖草地街、大三巴牌坊前地、大三巴街、草堆街、康公庙前地、巴素打尔古街、新马路、营地大街、公局新市南街、议事亭前地，表演节目，哪吒太子圣尊返回柿山哪吒古庙。[1]
2010	哪吒太子圣尊由柿山哪吒古庙起驾，从国华戏院走下去、到水坑尾，经马统岭街、南湾街，再转向新马路、议事亭前地，表演节目，哪吒太子圣尊返回柿山哪吒古庙。
2011	哪吒太子圣尊由柿山哪吒古庙起驾，经哪吒庙斜巷、板樟堂街、卖草地、草堆街、康公庙前地，横跨新马路，走福隆新街，横跨新马路，经营地大街、议事亭前地，进行半小时节目表演，哪吒太子圣尊返回柿山哪吒古庙。

郑权光先生说，菩萨出巡不会走回头路的。出巡途中，除了行宫要停下来供善信参拜外，銮舆不可落地，因此得由十多人轮流抬神。行宫经过的街道上空不能有衣物等污秽不敬之物，故以前巡游队伍的前面会有人手持长丫杈，沿途高呼“收衫啰”，若看见有衣物横跨晾在街巷之上，就会用

1　澳门柿山哪吒古庙值理会：《澳门柿山哪吒古庙特刊》，2006。

丫杈取下，以免有辱神明。[1]

澳门与各地哪吒文化的交流

自 1999 年，柿山哪吒古庙与台湾方面进行哪吒文化的交流后，每年双方都在对方的哪吒诞，带上自家的哪吒太子圣像为对方的庙会进行祝贺与交流。柿山哪吒古庙的哪吒太子圣像于 2000 年，走遍了整个台湾地区，进行两地哪吒文化的交流，半年后才回到澳门。

2011 年的哪吒太子宝诞，柿山哪吒古庙邀请内地和台湾的众多嘉宾，包括四川宜宾市翠屏山哪吒行宫、四川江油市翠屏山道观，台湾中华道教中坛元帅弘道协会、基隆忠义太子宫、高雄左营天府宫、台中中天宝华殿、台中草湖太子宫、台南大德禅师、台南麻豆太子宫、台南永康慈圣堂等各宫庙宫主以及进香团，齐贺哪吒宝诞，并祝愿澳门风调雨顺，祝愿国泰民安。过往，柿山哪吒古庙曾三次与基隆忠义太子宫交往；2011 年，基隆市市长带了一团五十多人来澳门参神，庆贺哪吒太子宝诞。

大三巴哪吒庙也有到四川、香港、台湾等地和新、马、泰等国进行哪吒文化的交流。

四川和台湾的哪吒诞均为农历九月初九重阳节，唯独澳门是农历五月十八，个中缘由无从稽考，只是一代一代跟着先辈于农历五月十八举行澳门独有的三十三天哪吒太子宝诞活动。

外来的哪吒文化令澳门的哪吒诞巡游锦上添花。台湾方面派出极具民间传统特色的“官将首”“童子阵”“五鬼招财”等表演队，吸引了大批市民、游客的围观，为澳门的哪吒诞巡游增色不少。

---

1 陈希文：《哪吒文化创出新天地》，载《澳门杂志》2011 年总第 81 期。

情繫古廟

太子顯靈石
哪吒古廟

永遠主席李九（左五）與眾嘉賓們留影

文化局局長何麗鑽（前左五）與眾嘉賓們留影

賀誕街坊與值理會成員在古廟前合影

值理會主席徐德明（右四）與中聯辦協調部部長白捷（右五）、榮譽值理梁慶庭（右二）、余榮讓（左一）、陳永傑（左四）、街總理事長姚鴻明（右三）、澳門基金會代表吳志良（左三）、值理會副主席陳雄生（右一）和理事長馮建富（左二）在古廟前合照

各祭祀團體到古廟（會獅）賀誕

昔日古廟搭台唱戲

澳大學者到值理會探訪

「官將首」在古廟前地表演

早前賀誕期間眾善信雲集哪吒古廟參加開設數拾席“街坊宴”聯歡，共沐神恩

李小平關懷古廟發展

交往聯誼

值理會主席徐德明率團拜訪台灣台南縣豆太子宮獲執行長施富貴（左二）熱情接待

2005 年賀誕活動攝影展嘉賓到賀

台灣豐原市天后宮三媽會贈送古廟“聖澤同欽”牌匾，名譽值理丁敏會先生（左三）(2005 年)

內地四川宜賓哪吒行宮管理委員會贈送古廟「一脈相傳」牌匾，管理委員會主任委員李俊才先生（左二）(2005 年)

執行主席鄭耀光（左三）1998 年拜訪四川哪吒行宮管理委員會

值理會領導拜訪民政總署劉仕堯（右二）

著名傳媒人榮譽值理余榮讓（右）和榮譽值理鄭國強（左）賀誕助興

香港陸智夫國術健身會來澳賀誕 1995 年

值理會領導層拜訪永遠榮譽值理胡順謙先生（右四）

值理會主席徐德明率領會成員與眾賀誕嘉賓合照

日本哪吒會與柿山哪吒古廟結緣

《柿山杂志》选摘

难忘往事

郑权光先生是澳门柿山原居民，自幼参与哪吒太子宝诞的活动，儿时曾负责撑罗伞、提圣水桶和洒圣水出巡，其后负责抬銮舆出巡至 1966 年。

邹老先生是柿山居民，现年八十多岁。自退休后一直参与哪吒太子宝诞出巡活动，负责抬神。

叶达先生自小参与哪吒太子宝诞的活动，曾负责洒圣水。

郑权光先生参与了多届哪吒太子宝诞活动。有一次，在哪吒太子即将出巡的前半小时，筷子基那边下起了滂沱大雨。郑生看见这个情况，立即去买了一百套雨衣，分派给每位嘉宾。其时，整个天空乌云密布。谁知在十一时半，烧过爆竹，敲打完锣鼓，开始出巡，一滴雨也没有落下来，一直到巡游完结。巡游队伍回来后，把所有巡游物品都收好，天又下起滂沱大雨。当时人人皆觉得很神奇，后来有两三年都遇上同一情况。邹老先生则笑称："有时就算是在巡游前下着雨，但在出巡时间快到之际，也会天公作美。老板（指哪吒）要把街道洗干净才去巡游。"

叶达先生则认为农历五月十六日下午二时进行的"超幽"仪式很难忘。无论当天阳光有多猛烈，"超幽"仪式一开始，天色马上改变——阴暗下来了。并非宣传迷信，但是真的那么巧。

柿山哪吒古庙銮舆出巡老照片

百年古物保护

郑权光先生指出，庙内不少古物，如道光年间的香案、抢炮用的圆形台架和哪吒诞出巡的众多器物，如銮舆、铜扇、“肃静”“回避”高脚木牌等，都有逾百年的历史。

每年巡游，物品不免会有损害。柿山哪吒古庙有一对铜扇，銮舆出巡时护在两旁，长久以来一直在巡游时摇动，扇与扇柄之间已经开始断裂了，近年的巡游也不敢拿出来了。

哪吒太子出巡的銮舆，制于光绪二十九年（1903），銮舆全身漆以黑色底漆、全座雕刻贴金，上面的人物花鸟做工精美，是澳门唯一一座保存得最好和最完整的銮舆，保存于柿山公所内。每年的农历五月初就会拿出来做清洁。诞辰过后，要视乎天气来安放。如果遇上下雨天，一定得把它彻底吹干，不然很容易变朽、变坏。

现在銮舆有不少部位都已经朽了，特别是参加了“第一届文化遗产论坛”展览之后，路途颠簸，回到柿山后就变得摇摇晃晃的，需要修理了。

2003年，銮舆曾被送往大昌神像店维修及贴金箔，銮舆寄居在那里三个多月，费用高达几万元。

柿山哪吒庙的经费主要来自会员每人每年的三百元会费，以及善信的香火钱。澳门回归后，得到特区政府的资助。特别是近年来，社会文化司的资助最大。其次是澳门基金会、霍英东基金会等。郑权光先生说，如果没有社会各界及政府的支持，柿山哪吒庙真的挺难成事。眼看着逾百年的古物相继损坏，想要修复，苦于没有修复维护古物的专家人士，又缺乏相关的技术支持；想要制作复制品，又牵涉金钱问题，真是无能为力。这些都对保育及弘扬造成了负面影响。

O PAGODE *Na-cha-mio*, na calçada do Monte, foi construido ha mais de duzentos annos. Não só os moradores do bairro mas tambem todos os habitantes de Macau teem ido alli para fazerem as suas orações. O local tem-se conservado sempre no maior asseio. O santo nunca deixou de ouvir os rogos dos seus devotos.

São avultadas as despezas das festas annuaes, e, como o pagode não possue nenhum bem de cujos productos possa dispôr para fazer face a estas despezas, as festas, de anno a anno, vão perdendo o seu esplendor. Por este motivo, os moradores do bairro resolveram, de commum accordo, pôr em leilão, no dia 1 da 5.ª lua, o cargo de sacristão do referido pagode. A base para a licitação é de $200 annuaes, devendo ser escolhido aquelle que offerecer quantia mais elevada sobre este preço. Os concorrentes, para poderem licitar, deverão previamente apresentar $10, as quaes, no caso de adjudicação, ficarão depositadas no pagode, como caução. O cargo é pelo tempo certo de tres annos. O pagamento será feito em prestações trimestraes devendo o da primeira ser adiantadamente. O deposito de $10 será descontado da quantia relativa ao ultimo anno.

4.ª lua do anno 24 de Kuang-sü.

(a.) IONG-SIO-IENG,
Director do pagode.

啟者茲我柿山哪咤古廟二百餘年一坊香火闔澳拜黍地潔神靈年中神誕費用多金奈無嘗業難以躊躇目見 神功冷淡年不如年今闔坊公議將本廟司祝開投每年價銀二百大元爲底連投三年爲期價高者得先交押票銀十大元若投得者將押票銀作爲按櫃尾年扣除其租銀分四季交納先交上期一季方得開辦準五月初一日開投特此 預聞

光緒二十四年 四月 吉旦

柿山闔當年值事楊兆英等啟

Macau: impresso na Typographia Mercantil de N. T. Fernandes e Filhos.—Rua do Padre Antonio n.º 28.

光绪二十四年（1898）宪报

大三巴哪吒庙也保存了不少古物，逾百年的銮舆、一对圣水桶、哪吒印符、哪吒签、哪吒花炮神像等。大三巴哪吒庙旁将建一展示厅，展览有关哪吒文化的文物和资料。叶达先生认为，超过百年历史的物品，若再拿到外面巡游，会破坏古物本身。所以他希望建好展示厅，好好地向市民及游客推广哪吒的信俗文化。现时，他还在收集关于哪吒文化各方面的展品。

贺诞小插曲

郑权光先生曾为没有童男扮演“哪吒仔”而担心。因为“哪吒仔”的扮演者要提前把头发留长，直到哪吒诞前一天才去理发，头上只留三处头发梳髻。现今社会，要物色“哪吒仔”真的不容易。“哪吒仔”扮演者的年龄越小就越耐演，四五岁最佳。基本上可以做六年、七年，直到十一岁。另外还要看他的身高，要是长得太高也是不行的。衣服不是问题，肚兜是放绳的，方便调整；只是裤子有点麻烦，柿山哪吒古庙也有几组裤子提供。

邹老先生说，如今年轻人都不愿去巡游了。以往抬銮舆的规定是“花仔”，现在他已八十多岁，仍参加抬神。他还笑称，平时朋友都不一定能找得到他，但每年农历五月十八,一定能看见他参加“抬神”出巡。

叶达先生则希望多向台湾学习，用新思维来吸引年轻人，让他们了解哪吒信仰。

哪吒信俗的传承

哪吒诞的保护与传承不单只是哪吒信仰本身，还涉及几项相关的非物质文化遗产保护。如澳门纸扎业的衰微，龙狮队、道教仪式、巡游队伍、曲艺等，如今都缺乏年轻人的加入。

随着社会经济的发展，现代文化和传统文化间产生了冲突。年轻一辈大多对传统文化没有兴趣，面对传承，这是一个值得深思的问题。

每年举办的系列活动开支庞大，纵使两庙都想尽量把哪吒太子宝诞恢复至当初最齐全的面貌，奈何资源不足，感到吃力。欣慰的是，有一众热心人士以及政府部门大力支持。

2011年，柿山哪吒古庙及大三巴哪吒庙联手以“澳门哪吒信俗”申报澳门非物质文化遗产。两庙都希望凭借申报非物质文化遗产，能更好地弘扬哪吒文化，并非宣传迷信思想，而是推崇哪吒“忠”“孝”“仁”“勇”的精神，把此种精神传达给年轻人。

参考文献

1. 澳门柿山哪吒古庙值理会:《澳门柿山哪吒古庙特刊》，2006。

2. 吴炳志、王忠人:《澳门道教科仪音乐》，澳门道教协会，2009。

3. 郑炜明、黄启臣:《澳门宗教》，澳门基金会，1994。

4.《澳门宗教》转引自申良翰《香山县志》卷之十《外志·仙释》。

5.《中国·澳门申报世界文化遗产澳门历史建筑群》,《文化杂志》第46期，澳门文化局，2003。

6. [明] 许仲琳:《封神演义》，中华书局，2009。

7. 陈希文:《哪吒文化创出新天地》，载《澳门杂志》2011年总第81期。

8. 宋宝珍、穆欣欣:《人神共娱》，载《走回梦境：澳门戏剧——澳门艺术丛书》，文化艺术出版社，2005。

9. 马书田:《中国佛教诸神》，团结出版社，2010。

哪吒诞近年大事记

2018 年

哪吒太子出巡浩浩荡荡（6 月 29 日）

大三巴哪吒庙贺诞祈福（6 月 30 日）

柿山哪吒古庙贺诞今启动（6 月 30 日）

哪吒太子宝诞飘色巡游热闹（7 月 1 日）

柿山哪吒古庙今绕境巡游（7 月 1 日）

柿山哪吒圣尊绕境锣鼓喧天（7 月 2 日）

“哪吒信仰与社会文化论坛”昨举行（7 月 2 日）

柿山结义堂贺会庆哪吒诞（7 月 2 日）

大三巴哪吒贺诞出巡祈福（7 月 2 日）

2017 年

哪吒庙周边道路将限通车（5 月 31 日）

哪吒宝诞飘色巡游热闹（6 月 12 日）

柿山哪吒庙神功宴信众聚首（6 月 12 日）

柿山哪吒圣尊昨绕境出巡（6 月 13 日）

大三巴哪吒贺诞出巡祈福（6 月 13 日）

2016 年

大三巴哪吒庙系列活动贺诞（6 月 13 日）

柿山巡游庆哪吒宝诞（6 月 21 日）

叶达冀更多新血传承庙会（6 月 21 日）

哪吒诞飘色巡游欢乐热闹（6 月 22 日）

柿山哪吒庙昨设平安宴（6 月 22 日）

大三巴哪吒庙醒狮巡游贺诞（6 月 23 日）

柿山哪吒圣尊昨出巡（6 月 23 日）

2015 年

中华宗教文化会组团赴川参与两岸哪吒信仰活动（5 月 27 日）

海内外信众江油弘哪吒信仰（5 月 28 日）

中华宗教团访哪吒诞生地（5 月 29 日）

中华宗教团登道教发源地（5 月 30 日）

中华宗教四川参访团赋归（5 月 31 日）

妈祖哪吒信俗获国家非遗名牌（6 月 14 日）

吕泽强：释空间设柿山哪吒展馆（6 月 23 日）

以哪吒诞为主题一连九日举行（6 月 30 日）

大三巴哪吒诞节目多（7 月 2 日）

哪吒飘色巡游够气氛（7 月 3 日）

哪吒太子圣尊今旧区巡游（7 月 3 日）

哪吒诞巡游鱼行醉龙各自精彩（7 月 29 日）

哪吒庙旧城墙见证百年沧桑（7 月 29 日）

2014 年

哪吒诞连串活动下周举行（6 月 7 日）

柿山哪吒诞庆典周六启动（6 月 9 日）

柿山结义堂周日新阁就职（6 月 10 日）

飘色巡游庆哪吒诞热闹（6 月 15 日）

柿山哪吒庙续办神功宴（6 月 15 日）

柿山哪吒巡游弘信俗（6 月 16 日）

哪吒銮舆出巡福荫澳人（6 月 16 日）

澳港柿山结义堂贺 93 周年（6 月 16 日）

大三巴哪吒庙值理会换届（6 月 18 日）

澳台助川重修哪吒祖坟（7 月 1 日）

弘哪吒信仰增华人凝聚力（7 月 2 日）

宗教融文创赋发展新机（7 月 2 日）

2013 年

柿山结义堂新春联欢（2 月 25 日）

宗教文化参访团今赴川（4 月 17 日）

哪吒诞连串活动周日展开（6 月 20 日）

大三巴哪吒庙修复重开（6 月 24 日）

柿山哪吒明绕境游中区（6 月 24 日）

2012 年

哪吒舞剧（3 月 23 日）

孙亚夫晤澳台哪吒文化团（3 月 30 日）

澳台交流团参访哪吒故里（4 月 2 日）

哪吒文创产业协会成立（6 月 4 日）

澳门大三巴哪吒展馆开幕推广非遗文化（新华网澳门 7 月 5 日）

2011 年

弘扬传统文化申报澳门非遗（6 月 7 日）

以上资料没有标明出处的均来源于《澳门日报》

不以规矩，不成方圆

——澳门的鲁班诞

骆嘉怡 ● 整理

成语说“班门弄斧”，指在鲁班门前舞弄斧子，比喻在行家面前卖弄本领。鲁班，姓公输，名般，故又称公输子、公输盘（“般”“盘”“班”三字古音相同，常作同音通假）。相传鲁班生于春秋末年至战国初期的鲁国（另一说为其生前得到鲁王赐姓），故后世又称之为鲁班。

鲁班是一位善于思考、创造的人，被誉为“机械之圣”“天下之巧士”“匠工之始祖”。鲁班虽生于贫穷家庭里，但凭着长期的勤学苦练，以及勇于创新的精神，先后发明了曲尺、墨斗、钻等民用工具，锁、起吊重物的器械等器具，云梯、钩巨等军用器械。《墨子·鲁问篇》载：“公输子削竹木以为鹊（鸢子），成而飞之，三日不下。”其手艺之精、事物原理掌握之准确，可见一斑。

鲁班诞庆典，摘自《澳门上架木艺工会成立六十周年特刊》（一）

鲁班诞庆典，摘自《澳门上架木艺工会成立六十周年特刊》（二）

直到现在，人们仍然奉鲁班为上架行的祖师爷，为其建庙立像，祭祀礼拜。

在澳门，许多中华传统文化得到了很好的保存与传承，而专门祭拜鲁班的鲁班诞（又称“师傅诞”），就是其中之一。

先师庙大难不毁，建造行业齐贺鲁班诞

澳门现存供奉鲁班先师的地方有三处，分别是庇山耶街上架木艺工会前堂的鲁班庙、新桥石街澳门早期造船工会工羡行会馆的鲁班师傅神殿，以及雀仔园白灰街鲁班庙。其中以上架木艺工会的鲁班庙历史最为悠久。

上架行会馆是澳门最早的工会会所，后来演化为现今的上架木艺工会。上架行俗称三行，原指做木、搭棚及打石，因澳门打石工人不多，故加入油漆一行，统称上架行。后因工种越分越细，木匠、油漆、搭棚、铁匠等分别成立工会，上架行即专为木艺工会。现在澳门建造业总工木会旗下十个工会均奉鲁班为祖师，每年农历六月十三日鲁班诞、十二月二十日先师宝诞（尾诞），各会馆必举行庆祝活动。

据上架木艺工会堂内碑记及现存文献所载，该处的鲁班庙始建于清道光二十年（1840）。“文化大革命”时期，本澳多个团体响应“破四旧”而把庙宇、神像等拆毁，幸得上架木艺工会（即“上架行会馆”）一众成员力主先把鲁班像及石碑等封起，不予拆毁。这样待到1982年，才把鲁班像及石碑重新开封，尽管庙内先师像及石碑有所损耗，但鲁班像终究得以保存。

上架行重修会馆碑石

由繁渐简，鲁班诞情系工人

鲁班庙得以保留，祭拜鲁班的师傅诞亦因而保存下来。传说鲁班为当时社会创造了许多生产工具，有大功于国，故国君敕封他为工部尚书，受朝廷重用。当年的六月十三日，是鲁班受封的日子，故此后每年的农历六月十三日，建筑行业的工人便会进行祭拜，称之为“鲁班诞”。

据老师傅所讲，鲁班诞是行内的一大盛事，以往这天更是建筑行业的例假。20 世纪五六十年代，行友庆祝师傅诞，除了早上会在庙内祭拜、上香、切烧猪以外，还会有丰富的节目表演。例如在上架木艺工会对面（现

1995 年 8 月，木艺工会发放会员子女奖学金

20 世纪 50 年代会员子弟上周会堂

20 世纪 50 年代会员子弟学校学生毕业典礼

20 世纪 50 年代会员子弟庆祝“六一”儿童节

20世纪50年代工会音乐组于鲁班庙大堂表演

在是炭铺）搭棚唱女伶（即做折子戏），晚上则会由陶陶居在会馆内布置到会聚餐。鲁班诞鼎盛时期，到会可以坐上五六十张八仙桌，分三天来庆祝。

从前盛况空前，除了会员踊跃支持外，还因为席间会请来建筑商同贺。根据当时行例，工人们每做一块石屎板（即水泥板）、一对门或是任何一样东西，都会向建筑商收取相应数额的“例银”，每次都是一块几毛的，所以当时收例银都能收到几千元。建筑商凡缴交二十元例银的，都会得到一张餐券，故他们也占上好几桌。

此外，派师傅饭也是当时鲁班诞一项独特的习俗。所谓派师傅饭的传统活动，即当天用大铁锅煮饭，烧炒粉丝、虾米、眉豆等菜，派发给每个工会会员及其家属。据说，吃了师傅饭的孩子不但能像鲁班师傅那样聪明能干，而且能够迅速长大成人，身体健康。派师傅饭的传统到“一二·三事件”后便失传了，那是由于事件过后，社会动乱，便把这些传统的习俗给除去了。

当时的鲁班诞，除了是纪念鲁班的大日子外，更是洽谈生意的日子。拜祭仪式完成后，工友们会留在会馆，当天馆内设有“候工处”，在那里一面打麻雀（即麻将）一面等判头（即包工头）、老板来找人做工，老板需要找人做事，也会于当天到“候工处”来。这个传统在60年代以后便逐渐消失了。

时至今天的师傅诞，只是保留了一部分的传统。当天早上八九时，一众行友会到达师傅庙，上香、祭拜，烧爆竹后，会切烧猪，行友们在馆内聚首、坐立一番，到晚上七八时便到酒楼聚餐。

建“鲁班工艺陈列馆”传文化

传统习俗总因时代不同而有所改变，今天澳门的鲁班诞虽盛况不如前，但仍保留了大体的节日活动内容。“不以规矩，不成方圆”，是建筑业的基本规条，亦是先师所训。为了保留及发展传统文化，上架木艺工会正与特区政府文化局合作筹办“鲁班工艺陈列馆”，向会员、行友收集各种木艺工具如木刨、木锯等，冀将鲁班木艺传承后代。

鲁班诞近年大事记

2018 年

木艺工会新阁访中联办（7 月 24 日）

2015 年

上架木艺工会周日祭鲁班（2 月 6 日）

上架行会馆重开祭鲁班（2 月 8 日）

鲁班木工艺陈列馆弘扬传统（7 月 29 日）

以上资料均来源于《澳门日报》

观音菩萨

——历史与澳门民间崇拜

Maria Vong ● 整理

观音菩萨是全球华人最常供奉的神祇之一，其事迹和形象在民间广泛留存。在澳门，每逢观音诞，各大供奉观音菩萨的庙宇香火都特别鼎盛。善信于参拜后，更可去求灵签，祈求观音指点迷津。各式各样的节庆活动也会在当天举行，情形非常热闹。

观音菩萨有着广大慈悲的心，世间众生无论遭遇何种灾难，如果心中称念观音菩萨的名，菩萨便实时使他离苦得乐，所以人们称他为“大慈大悲观世音菩萨”，有“家家阿弥陀，户户观世音”的赞誉。

观音是谁？

观音原称观世音，因为唐代时要避讳唐太宗李世民之名，故又称观音，也可译作光世音、观自在等。观音的意思，除了可理解作“观看世界或求告者声音”外，也可译作“观看上的自在者”，即为“无所不见”的意思。[1]这就说明了观音的两大特性：一是观音会听所有求告他的人，二是观音无所不在。

在佛教理论中，观音是属于菩萨级别的神，地位仅次于佛。大乘佛教[2]认为，所有佛在未真正成佛前都必须先成为菩萨，等待在世佛法力用尽后，接替他成为下一任佛。而观音菩萨与大势至菩萨是西方极乐的世界主宰佛——阿弥陀佛的左右胁侍菩萨，他们并称为“西方三圣”。换句话说，就是当阿弥陀佛的法力用尽后，观音菩萨理论上将会接替阿弥陀佛成为下一位西方世界的主宰佛。

故此，在大乘佛教的阶位里，观音的地位是很受尊崇的。

如果说佛是追求生命智慧的最高典范，地位无限崇高，境界高深莫测，让人难以亲近，那么菩萨则是待在人间，以慈悲拯救众生脱离苦难的典范，让人倍感亲切。菩萨的特点是慈悲。慈悲就是不但自己追求开悟，还要把别人也引领到开悟的境界。

要说明佛、菩萨与众生的关系，可用一个简单的比方：佛是大学教授，菩萨则是助教，而众生就是求法的学生。对于学生来说，助教感觉比较亲近一些，而教授则较为严肃，尊敬多一点。

1　观音，梵文为 Avalokiteśvara，早在 3 世纪时就已经被印度和尚僧铠译为“观世音”；而相近译法如“光世音”，也是同时期月氏大僧竺法护所译。到了 7 世纪，大唐法师玄奘认为上述两个译法都不能准确地译出 Avalokiteśvara 这个字的真正意思，故此他提出了“观自在”这个新译法。但无论谁对谁错，“观世音”或“观自在”都已被中国广大的信众所接纳，也流传得最广。颜素慧：《观音小百科》，橡树林文化出版，2001，第 34—35 页。

2　大乘佛教与小乘佛教同为佛教教派的名称。大乘佛教是 1 世纪在印度本土所产生的新教派，传到中国后发展蓬勃。大乘与小乘的分别主要在于：小乘佛教注重个人修证，大乘佛教则不但求自己成佛，还要普度众生。再者，小乘认为宇宙间只有一个佛陀；而大乘则认为宇宙间不只这一个佛陀，还有其他佛陀同时存在。颜素慧：《观音小百科》，橡树林文化出版，2001，第 82 页。

观音是男是女？

这个问题有可能对部分读者来说是多余的。但为了解除小部分读者的疑虑，笔者认为有必要说出事实，那就是——观音不是女的。

那么，观音是男的吗？ 也不全然是。

确实，在原始佛教经典中，观音以男性形象出现，被称作“勇猛丈夫”或“善男子”，[1]这个毋庸置疑。然而，观音菩萨法力无边，在经典《楞严经》中就提到了他拥有“变身”的能力。在他的三十二（或说三十三）变化身当中，就有变为女身的能力，目的是为了方便在不同的场合说法。[2]

当佛教传到中国，尤其是到了唐宋以后，因应中国信徒的需要，观音的形象变化了。女性化的观音在民间受到欢迎，渐渐深入民心，甚至出现了“观音娘娘”这一称呼。至此，观音菩萨算是正式被“中国化”了。

虽然世俗人都普遍会给神佛一个性别以方便崇拜和冥想，但在真正的佛教观念上，性别却是无关紧要的。[3]说到尾，观音菩萨是男性也好，是女性也罢，还不都是为了普度众生脱离苦难吗？

---

1 《华严经》里记载善财童子五十三参，到了普陀洛迦山参拜观音时：“见岩石林中金刚石上，有勇猛丈夫观自在，与诸大菩萨围绕说法。”《悲华经》里提到观音是转轮圣王的王子时说：“善男子，今当字汝，为观世音。 汝行菩萨道时，已有百千亿那由他众生，得甘苦恼。”《十而神咒心经》上，释迦牟尼佛也赞叹观自在菩萨神咒而说：“善哉善男子，汝为一切有情起如此大慈悲意，欲开此大神咒……”

2 在《大佛顶首楞严经》里说：“观世音尊者自佛言，若有女人好学出家，我于彼前是（现）比丘尼身，女王身，国王夫人身，命妇身，大家童女身，而为说法。”

3 在《维摩诘所说经·观众生品》中，就有一段舍利佛与散华天女对男女性别的看法：“一切诸法无有定相，非男非女，一切女人亦复如是，虽现女身而非女也。”

澳门观音古庙

相传观音菩萨早就可以成佛了，但因为曾发愿要拯救众生脱离苦难，而甘愿无限期延迟自己成佛的时间，留在尘世，直到所有人都脱苦为止。[1]也就是这种无私奉献的精神，使得观音菩萨在中国成为最受欢迎，也最有影响力的佛教神祇之一。故此，在民间就有为数不少专门供奉观音菩萨的庙宇。仅在澳门,就有不少于六间以观音菩萨作为主神供奉的寺庙。[2]其中，又以观音古庙和普济禅院历史最为悠久。

观音古庙，又称观音仔，位于今澳门美副将马路。相传建于明朝中叶，由一位牧童独资兴建。传说他获得了观音的庇佑，所以还愿建了庙，却因为资金不足，只把原有已供奉观音的神龛扩大，故地方浅窄。现在所看到的偏殿，皆是后来扩建的。

观音古庙位于古望厦村内，渐渐地，便成了望厦村民的村庙。由于规模不大，每年观音诞，只许村民拜祀，而住在村内的留澳福建籍人士，却因为非本土人士不被允许入内参拜。故此，住在望厦村内的福建籍信众，奋然集资建造了比观音古庙更宏伟、更轩昂的普济禅院，也就是观音堂。[3]

---

1 在《悲华经·大施品授记品》里说：阿弥陀佛于过去生中曾为转轮圣王，他有十个儿子，长子名叫不晌，也就是观世音的过去生。在转轮圣王被佛授印来当佛时，佛号“无量佛”或“阿弥陀”。大太子不晌亦在佛面前发愿要帮忙众生脱离困苦，他说：“若有众生，受诸苦恼恐怖事，退失正法，堕大暗处，忧愁孤到，若我无法免除他的苦恼，那么我就永不成佛！”这个发愿得到了宝藏佛的称许，便给他起名叫观世音。

2 除普济禅院与观音古庙外，还有氹仔观音岩庙、氹仔观音庙、九澳观音庙、路环观音庙等，均以观音菩萨作为主神供奉。

3 黄德鸿：《澳门掌故》，中国文联出版公司，1999，第110页。

观音古庙

观音古庙大殿

普济禅院

普济禅院确切的建造日期并不清楚。根据石碑记载，大概是在明天启年间（1621—1627），由在澳福建人士出资兴建。普济禅院不单只在规模上胜过同街的观音古庙，更请来了有名的大汕和尚出任主持。经过他的一番经营后，观音堂不但香火鼎盛，更成为旅澳广东文人墨客的畅聚之所。[1]

却说这位开山祖师大汕和尚（1633—1702），虽为出家僧人，却豪气万丈，以“反清复明”为己任。和尚为人风趣博雅，善诗词，工书画，结交的尽是文人雅士。[2] 一时间，普济禅院才气云集。文人们一边为着美好山水写下篇章，却也对消亡的故国眉头深锁，为自己的报国情怀而感慨。

普济禅院经过了至少两次（清嘉庆廿三年［1812］和咸丰八年［1858］）的重修和扩建，最终形成了今天的规模。

它除了是古老的佛教寺庙外，更见证了中国近代史上的重要一页。道光二十四年（1844），中美两国在普济禅院的后花园内签订了有名的《望厦条约》。当时用来签字的石案，现今还在花园内，旁边立了说明石碑以作纪念。

《望厦条约》在普济禅院签订，除了因为当时澳门特殊的地位外，也从侧面反映了普济禅院在当时的澳门，已具有相当的知名度与代表性。

从初建到如今这三百八十年漫长岁月当中，普济禅院香火不断，尤其是在观音诞，更是挤得水泄不通。

1　黄德鸿：《澳门掌故》，中国文联出版公司，1999，第 111 页。

2　李鹏翥：《澳门古今》，澳门星光出版社，1986，第 218—219 页。

普濟禪院
貝葉傳經西天竺境
蓮華妙法南海潮音
MACAU 澳門
TEMPLO KUN IAM 觀音寺
3,50 ptcs.
REPUBLICA PORTUGUESA

普济禅院明信片

普济禅院大雄宝殿

澳门十景之普济香殿

普济禅院后花园（一）

普济禅院后花园（二）

观音诞

与观音菩萨有关的节日有四个：

农历二月十九日	观音诞辰
农历六月十九日	观音升道日
农历九月十九日	观音出家纪念日
农历正月廿六日	观音开库

事实上，观音诞只有一个（农历二月十九日），但信众们也会把另外两个纪念日当作“诞”来庆祝。一般来说，信众们会准备鲜花、水果、斋菜和观音衣等祭品来烧香参拜，祈求平安。参拜观音后，信众可求观音灵签[1]，祈求观音菩萨为他们指点迷津；澳门坊间会有很多信众团体自发举行庆祝活动来贺诞，例如“恭祝观音宝诞拜神仪式”“恭祝观音菩萨宝诞醒狮巡游采青”等。而庙宇方面，会提早开放，方便信众前来参拜，以及举行诵经仪式等。

观音开库

每逢农历正月廿六的观音开库，澳门各处供奉观音的寺庙都会格外热闹，其中以普济禅院最为香火鼎盛。不少信众除了会到庙宇上香祈福外，更会做一件事：向观音借库。

1　“观音灵签”“天后灵签”和“关帝灵签”合称为澳门三大古签。三套古签均传承自中原及岭南，是中国巫术文化的其中一分支。灵签的数量不定，主要视乎各庙宇自身的情况而定。澳门有着非常完备的灵签体系，内容庞杂繁多，大致分为：家宅、婚姻、自身、占病、求谋、官讼、耕种、山坟、失物、六甲十类。灵签是传统文化心理与活动的延续，也是人类文化传承的活化石。陈炜恒：《澳门灵签》，载《澳门杂志》1997 年第 2 期。

正月二十六观音堂观音开库（一）

根据普济禅院的成旭大师所说，“观音开库”是一个民间流传下来的习俗，在佛经里并无记载。相传古时某地遇到旱灾，人民没有粮食，闹起饥荒。有一天，有一位穿着较亮丽的女子来到此受灾之地，派给每家每户粮食与金钱，人们觉得很奇怪。到了黄昏，那个女子突然变成一尊观音像，升了天，人们就觉得这是观音显灵。从此，当地人民就以正月廿六作为纪念日，祈求在新的一年能风调雨顺，丰衣足食。“观音开库”的习俗就这样流传下来。

另外一个说法是，相传每年正月廿六日，观音都会打开金库，“借钱”给会众，于是众多的信众便于当日进香拜膜，诚心祈求，希望观音发慈悲开库，以求新一年事事顺利，财运亨通，身体健康。

俗语说：“有借有还，再借不难。”“借钱”的人们自然是要“还钱”的。

正月二十六观音堂观音开库（二）

为了感谢报答观音的慈悲心，信众会烧元宝蜡烛，甚至奉上烧猪来酬神，以祈观音继续保佑。[1]

时代变迁

虽然古今拜观音的程序和仪式并没有什么大差别，可是随着时代的变迁，从前的风土人情渐渐不见了。在普济禅院旁卖祭祀用品的陈女士说："以前观音堂很多人来参拜，很热闹的。庙外整条街有很多婆婆开摊子卖自己亲手制作的手工艺品，例如花、公鸡等，很多信众会购买。可是现在慢慢淡薄了，这种特色渐渐消失了。"她还说，在她小时候，观音堂一定挤得水泄不通。信众想要入庙拜神，先得大排长龙，分流入庙。可惜的是，近十多年，前来参拜的信众变得比以前少了，尤其是年轻一辈。以前观音古庙为了贺诞，还会有大戏上演，但现在这些都已成为历史。

每逢有关观音的节庆，观音堂都会比平日更加香火鼎盛。除了澳门本地的信众，特意前来参拜的还有来自内地、香港甚至泰国和韩国等地的游客。

观音菩萨行善的事迹很多，从古到今，流传广泛，家喻户晓。普济禅院的成旭大师说："人们可能不太认识佛教中的其他菩萨，可是大家都一定认识观音菩萨。"很多信众都是从小受到家人的熏陶而认识观音，因此，观音在他们心目中也就自小占据了崇高无比的地位。

不论国籍，不论语言，不论传统习惯，来自世界各地的人，都因为这颗慈悲的心而纷纷被吸引，来到观音庙里献上诚心。

1　唐思：《澳门风物志》第三集，澳门基金会，第248—249页。

观音诞近年大事记

2015 年

观音开库善信求平安（3 月 16 日）

2013 年

观音古庙古树险付诸一炬（4 月 4 日）

以上资料均来源于《澳门日报》

忠义仁勇关圣帝君

李璟琳 ● 整理

每年农历的五月十三日和六月廿四日是关帝诞，澳门市民，不论是大小商户、团体，还是平常人家，皆于是日举行拜祭活动，祭祀关帝。在澳门有两间以关帝为名的庙宇，分别是营地街市旁的关帝古庙（又名三街会馆）、龙田村关帝庙，在氹仔有卓家村的关帝庙，而且本澳也有庙宇供奉关帝的，如观音堂、菩提禅院、莲峰庙和吕祖仙院等，甚至有不少家庭都供奉着这位民间俗神。可想而知，关帝信仰在澳门多么普及。

关帝与关帝信仰

关帝，全称为关圣帝君，又名伏魔大帝、盖天古佛和协天大帝等，民间多称为关公、关帝爷和关老爷等，[1]是华人社会里最为人所信奉的神灵之

1 大乔编著：《图说中国祈福神》，中国社会科学出版社，2008。

一。他不仅是佛教里的护法神明，而且是史实里三国时代蜀汉的大将军关羽、小说中的风云人物，是正义的化身。

根据西晋时期陈寿所著《三国志》记载，关羽，字云长，河东解州人，是刘备重用的大将，从“侍立终日，随先主周旋，不避艰险”等描述，可知关羽是一位忠于君主的臣子。无论是历代的帝王，还是民间，都追崇这位护国臣公，但是从哪朝代起人们才注意关羽的？有学者指出是隋代开始的，因为佛教的传播，与中原文化的相互结合而发展，产生了关羽与佛教的事迹；到了宋朝，关羽更被宋徽宗封为“忠惠公”，这个功劳可算是道教的，因为是由一位道士张继先所请奏，他是道教第三十三代天师。[1] 可见，关羽在民间的心目中的地位是建基于宗教信仰的。而且，从其敕封的名号可知其渐被神化，如元朝被封为“显灵义勇武安英济王”，明朝封为“协天护国忠义帝”，以及清朝封为“三界伏魔大帝神威远震天尊关圣帝君”，[2] 由一位英勇的武将演变为驱魔赶邪的神明。

到了元末明初，罗贯中的《三国志通俗演义》把关羽的忠肝义胆推崇至最高境界，塑造的关羽形象，对后世影响甚大。这一切都是宗教、帝王与民间三结合之推动成果。

宗教里的关帝

有关宗教方面，儒、佛与道教皆推崇关帝。儒教称关羽为“圣人”，主张他的“忠义”。因他喜爱阅读儒家五经之《春秋》，而且能流利背诵，在清朝时，又被视为“文衡帝君”，[3] 能保佑考试者取得满意成绩，因此得到儒

1 马宝记：《“壮缪”与“义绝”——从〈三国志〉到〈三国演义〉关羽形象演变的实质及其文化内涵》，载《中州学刊》2005 年第 3 期。

2 陈炜恒：《澳门庙宇丛考》上卷，澳门传媒工作者协会，2009。

3 陈小宝：《香港关帝信仰研究——以关帝庙为中心》，香港大学学术库，2007。

者的支持和崇拜。

佛教中，关帝被称为“伽蓝尊者”或“伽蓝护法”，“伽蓝”意为“僧院”或“僧园”，即关帝为寺院的护法。此典故从清乾隆版《关帝志·灵异·建玉泉》中记载的“吾当为力建一刹供护佛法”可知，关羽对玉泉寺的建成的力量，[1]因此，成为寺庙的护法神。所以现在我们能在佛院内看到关帝神像，如观音堂和菩提禅院。

从道教角度所见，关帝被称为“关圣帝君”，有驱赶妖邪之作用。而且在清朝时期，被民间赐予武财神的功能。[2]这点是较为澳门人所熟悉的，因为本澳有关供奉关帝的庙宇，大部分都是道教的庙宇，无论是生意人还是雇员，都会到此等庙宇祈求财源广进。不仅如此，在华人社区里，关帝亦被深信有祈雨、驱瘟疫、保佑健康及其他功能。[3]

关帝神诞之说法

关帝诞，普通市民认为是农历的五月十三日和六月廿四日，但是需要清晰地知道，这两个日子是有分别的。在陈炜恒的文存之一《澳门庙宇丛考》所记载的莲峰庙的神诞表上，这两个日子被分开列名为“关圣帝君诞”（农历五月十三日）和“关帝诞”（农历六月廿四日），澳门基金会的《澳门百科全书》（修订版）中的“关帝诞”，就称“诞期有两个，农历五月十三日和六月廿四日”，[4]实令人疑惑。

---

1 宝光：《佛教护法——伽蓝尊者（关圣帝君）》，http://www.ucchusma.net/station/subject/970302_Guan_Yu/Guan_Yu_China.pdf，浏览于 2011 年 9 月 10 日。

2 李为香：《明清道教神仙信仰的民众化》，载《求是学刊》2010 年第 3 期。

3 闫爱萍：《地方文化系统中的关帝信仰——山西解州关帝庙庙会及关帝信仰调查研究》，载《山西师大学报（社会科学版）》2010 年第 2 期。

4 吴志良、杨允中主编：《澳门百科全书》（修订版），澳门基金会，2005。

关帝古庙大门

关帝庙大殿

在关帝古庙工作了三十多年的庙祝卢剑光指出，这是一般人的理解错误，正确的说法是：农历五月十三日为“关平太子圣诞”，农历六月廿四日为“关帝诞”，还有一个日子就是农历九月初九的“关帝飞升宝诞”。

“关平太子圣诞”，是庆贺关羽之子关平的诞日，真正的关帝诞是农历六月廿四日。

拜祭关帝的传统习俗

王文达的《澳门掌故》中记载：“……惟年中之关帝神诞及财帛生君诞，则由镜湖医院慈善会拨支经费，搭棚建醮，演戏或唱曲，一连数天，极一时之热闹焉。”[1] 由此可知，昔日的关帝古庙的关帝诞和财帛星君诞，皆有神功戏为贺诞节目，但不知何时起，就没有了此贺诞活动。

正如前文所述，与关帝有联系的诞日有三个，分别是“关平太子圣诞”“关帝诞”和“关帝飞升宝诞”。据庙祝卢剑光忆述，十多年前，每逢这三个节日，关帝古庙内都热闹非常，善信们带同三牲，包括烧肉、鸡和生果，来拜祀关帝。虽然现在每逢三节，都有本澳和香港的团体过来贺诞，但是一般的市民也未必集中在节日才来到贺，他们可能会选在平日或是他们有空闲的日子来拜祀。

卢剑光还展示了一本“关圣帝君救劫文”小册，是庙内免费赠阅的，内容是“关圣帝君觉世真经”。他表示，善信们可以有空闲的时候来念读，不一定是贺诞来念经，因为可以从念读的过程中，得到关帝的庇佑。

1　王文达：《澳门掌故》，澳门教育出版社，1999。

关帝诞庆典活动（一）

关帝诞庆典活动（二）

“关圣帝君救劫文”小册子

关帝古庙

位于公局新市西街的关帝古庙，其前身是“三街会馆”，从庙宇的门楣上可见这一名字。“三街”是指营地大街、关前街和草堆街，是昔日的传统商业街，“会馆”之意，即是指同乡或同业聚集的房舍。庙中有一块清乾隆年间所雕刻而成的古碑——《重修三街会馆碑记》，碑上刻着：“澳之有莲峰山。前明嘉靖年间，彝人税其地以为晒贮货物之所。自是建室卢，筑市宅。西方商贾，辐辏咸集，遂成一都市焉。前于莲峰之西，建一妈阁，于莲峰之东，建一新庙。虽客商聚会，议事有所，然往往苦其远，而不会者有之。以故前众度街市官地傍，建一公馆，凡有议者，胥于此馆是集，而市借以安焉。”[1]从中可看到建会馆的原意，是为了方便商人们在商业三街附近聚集，因此，三街会馆是过去在澳华商聚集一起议事论事、甚至有事所决议的地方。王文达《澳门掌故》一书中，就指此三街会馆与澳门的总商会是无异的。

以前有关三街会馆的建庙确切年份无从稽考，但是大概的年份已展示在庙内的古碑上，如据上述所题的古碑前段部分，三街会馆这个组织应是明末时期已存在，建庙年份约为18世纪末。

以前，三街会馆的华商除了商议物价等事宜，还会替当时本澳华人处理事务和向议事会发声，但随着澳门经济的发展，三街不再是商业经济中心，再加上澳门总商会的成立，三街会馆的功能渐渐丧失。随着时间的冲洗，人们也遗忘了三街会馆的原有功能，只是继续到馆内拜祀商人们留下来的关帝神像，名字亦更改为关帝古庙。

如今，走进关帝古庙内，我们会发现关帝古庙除了供奉关帝外，还供奉着地藏王、财帛星君和太岁爷等神衹，小小庙宇已体现出佛教与道教之

1 王文达：《澳门掌故》，澳门教育出版社，1999。

关帝古庙

澳門 Macau
澳門歲月

關帝廟
浩然正氣照三街

有关关帝庙的报道

文化交融，见微显著。而且，庙内除了正中间关圣帝君的主神坛上有关帝神像外，左右神坛、香案上下，都可看到大小不一的关帝神像。据庙祝卢剑光所称，善信们由于搬迁、移民或是请有新的关帝神像，以致家里没有多余空间，他们就会把自己原有的关帝神像放置到关帝古庙，令神像可以继续得到香火的供奉。

关帝诞近年大事记

2018 年

板营坊会庆关帝诞弘传统（6 月 27 日）

2017 年

关帝诞舞龙狮热闹庆祝（7 月 14 日）

2016 年

关帝诞热闹入俗（6 月 24 日）

2015 年

2015 澳门关帝诞（6 月 1 日）

2014 年

关圣帝君文武双修（7 月 26 日）

以上资料均来源于《澳门日报》

康公诞与内港的同步变迁

李展翘 ● 整理

海面上一只只船只扬帆起航，岸边的人们满心牵挂，祈盼亲人平安归来。这些昔日的澳门小城风景，今天已不复见。然而在大大小小的庙宇却可以看到历史遗留的印记。

当新口岸还是一片菜田的时候，澳门的内港已是主要的海路枢纽，而其周边地区也成为城中的中心地带，十月初五街在19世纪以前位处海边，及至20世纪后半叶，仍然是毗邻码头和车站的交通要道。康公庙坐落于此，香火鼎盛自是必然，加之当时人们对这位神灵庇护能力的依赖，使农历七月初七的康真君诞（俗称康公诞）也为人们所重视，在内港兴盛的同时，康公诞亦有着丰富的内容。

建庙起源

康真君宝诞在20世纪初深为人们所重视，是基于居民对康公的信赖程度。康公庙创建于清咸丰七年（1857），落成于咸丰十年（1860）年底。这座集道、佛、俗神于一身的庙宇，除供奉康真君以外，还有南海广利洪圣大王、金圣西山侯王、华佗先师，更有佛教神祇观音和保佑女性花容月貌、长保丈夫之心不变的花粉娘娘等。每位神灵功能各异，对于20世纪初的信众来说是深具护佑作用的，给予了人们很大程度上的精神慰藉。

主神康公相传是汉代的将军李烈，保国有功而被封为康公，在躲避敌人追捕的过程中，因踏鸭背过河而逃过大难，为答谢鸭子的相助，信徒在康公诞当天不得宰杀鸭子。另外还有一说，云康公为神话“泥马渡康王”中的南宋皇帝“康王”。

康公庙

不论神祇原型是何身份，大家普遍相信这位水神具有镇火的能力，传说晚清时期顺德县一个村落中发生火灾，有一位长须老翁只身走入火场，使火熄灭，是为康公显灵。

清道光年间，康公庙前地为北湾海滩，船只众多，船板交错，附近商家林立，更存在赌场、鸦片烟馆、歌妓院和妓寨等，挤逼人多的环境易使火灾频发，风水堪舆家遂建议兴建一庙化解。相传咸丰六年（1856）春天，广东发生大水灾，西江洪峰涌至澳门，河中飘来一尊康公的木雕神像，大家便建庙膜拜之。康真君除了免除火患，更保佑海上事业，使渔民皆能平安返岸。

内港与康公诞的同步兴旺

20 世纪初澳门的渔业活动达到高峰，在 1927 年，渔民占全澳总人口的三分之一。除了渔业，海上贸易也渐趋蓬勃。内港最初是由北湾与浅滩组成，而康公庙所在的十月初五街本名为泗孟街，旧日建有泗孟码头，后来浅滩被填平了，才变成内陆的街道。十月初五街过去在葡语中称为新国王街（Rua Nova del-Rei），而葡萄牙里斯本的新街（Rua Nova，以后亦命名为新国王街）是重要的商业大道，与其他街道构成亚洲商品的交易中心，十月初五街相应于澳门的地位也就不言而喻了。

出海的居民自是希望海不扬波，风平浪静，水神之一康真君的信众也愈来愈多，且以女性为主，她们祈求丈夫安全返家，子女孝顺长进。

于是，自 40 年代起，差不多所有居于澳门的华人，甚至毗邻村落的居民，均会前往康公庙参加康公诞及庙内的活动，仿佛这里是大家的集中场所。康公庙前地的一座方亭，曾作“铺票”这个一度流行的赌博活动的开彩之用。其后内港一带的发展因经历抗战、“文革”的冲击而陷入低潮，到

20世纪70年代中至80年代，便进入最辉煌灿烂的时期，随着香港经济起飞，内地改革开放，内港的客货运量猛增，加上渔业兴旺，引入大量人流。在稳定的经济基础上，再加上信众的虔诚，康真君宝诞日也随之有了更丰盛的庆祝活动。

按照渔民的传统，在往日的贺诞期间，会进行打醮。打醮是中国民间信仰活动，其内涵包括了佛教、道教的信仰及对祖先的崇拜，借拜祭神明以感谢庇佑并祈求能继续得到眷顾。渔民打醮的目的，是为了他们在某一段时间从海上回来做法事、举行仪式去供奉神灵，而康公诞这天便进行了这个传统活动。[1]而在庙内也进行祭祀参拜，古人祭祀神祇，先外祭后内祭。善信沿着中路轴线前行，先至拜厅上香，再到大殿行礼。庙内放置的属于清咸丰年代的“酒船石”，由花岗石雕制而成，形似渔船，专供善男信女向神祇礼拜奠酒之用。

除了祭祀，康公诞日的贺诞活动也缤纷多彩，人们会在前地盖搭大戏棚，邀请省港名班上演神功戏，将方亭作化妆间之用，还会为前来庆祝的群众搭好看台，连庙内总是紧闭的屏风门也为信众打开。据反映澳门土生葡人生活的小说《爱情与小脚趾》所描述的一次庙会，说庙前广场“汤面摊及其他小吃摊鳞次栉比，小商贩、算命、拔牙、卖药、说书、卖艺的人比比皆是”，书中还描述了当时的一场精彩杂技表演。而据《澳门风物志续篇》的作者所忆，即使入夜后康公庙前地仍是江湖卖艺场地，有卖武、占卦、棋档等，场面热闹。当天神像会被抬至街上游行，锣声和爆竹声映衬着节日的浓厚气氛。

康公诞当日，康公庙还会派发斋菜，粉丝、菇类等普通菜肴，却给予信众喜庆的满足。

1 传统的水面醮是把一艘船布置成仪式的场地，雇用居士举行法事仪式。

康公庙内

康公庙内的神像及神龛

康真君廟基建重修工程
澳門特區文化局于公元二〇〇一年七月
三日資助重修康真君廟基建工程。
本廟深感
澳門特區文化局為保護歷史文物，不遺
餘力，作出鉅大貢獻，功德無量。
謹致
謝忱
康真君廟立匾為紀

本廟規條

康公庙牌匾及碑石

式微

到了20世纪90年代，港澳码头搬迁到外港，路环深水港货运码头投入运作，渔业没落，博彩船、娱乐场先后迁离结业，内港一带街道人流量大减。人们对于康公庇护出海平安这个职能已经不甚依赖，而且相对于妈祖庙、普济禅院等大庙，康公庙略欠旅游价值，信众已不如当年，康公诞也大大失色。1995年营地街市重建，部分摊档被安置到康公庙前地经营，神功戏因场地不足而停办。1998年摊档迁回原街市，两年后康公庙前地便成为休憩区。据庙祝所言，派斋活动因卫生问题亦已停办多年。

时至今日，康公庙的贺诞活动，只有三坊同贺康公宝诞敬老盆菜联欢晚会，由十月初五街坊会、海傍海边街区坊会、炉石塘海边街区坊会主办和资助，康公庙慈善值理会协办。这项活动从2002年起举办至今，由盆菜宴和文艺晚会构成活动主体，晚会内容包括舞蹈、粤曲、魔术、怀旧金曲等。当天还有醒狮表演、变脸、相声、摊位游戏和口技表演。

这些活动，组成了今天的康公诞。

延续

近年，康公庙除了宝诞日的活动，还有年宵庆贺、美食夜市、无忧米派发，这些共同构建了康公庙前地应有的热闹，突出了康公庙本身主持民间喜庆的特质。

然而，供奉康真君的人流和香火终究已不复当年，就连庙内的塔香也不多，据庙祝所言，其中大多为游客及庙祝自己所点燃。随着渔业的衰微，人们的确不太需要寻求水神去保佑海上事业了，而更多去寻求大庙的神佛庇护，又或者天后已经能授予同样的海神功用，康公及许多小神在澳门的地位因之而减弱不少。

现在（访谈时为2010年），康公庙仍在进行修葺工程——对早前失火的地方进行修缮。此庙虽已不像昨日般兴盛，但仍然在不少街坊心中占有重要的地位，同时也是澳门中西兼容文化的构件之一，康公诞也顺应着历史的潮流，以合适的模式继续传承下去。

康公诞近年大事记

2018年

康公情怀贺元宵周五六举行（2月27日）

2017年

康真君庙慈善会周日派米（11月3日）

2016年

康公宝诞暨敬老盆菜宴下周二康公庙前地举办（《澳门会展经济报》8月5日）

2015年

三坊周四同贺康公宝诞（8月18日）

2014年

康公庙周日贺万佛诞（5月23日）

2012年

康公庙周日派八千包无忧米（10月9日）

以上资料没有标明出处的均来源于《澳门日报》

火神的护佑

——华光诞

萧洁铭 ● 整理

每年的农历九月廿八日，在澳门新桥区的莲峰庙都会举行盛大活动，祝贺华光大帝宝诞。华光是何许神也？其形象为三目武神，又称“五显灵官”“五显灵通华光大帝”，被民间尊为“火神”。

华光大帝传说

有关华光的传说十分丰富。明代神谱《三教源流搜神大全》中《灵官马元帅》一节就是介绍华光的，明万历年间的神魔小说《南游记》在此基础上，更为生动地叙述了华光三次转生、坎坷曲折的成神经历。

华光本是佛祖身旁的一盏油灯，修炼得道成“妙吉祥”，后被佛祖降至凡间，投胎于马家，出生时有三只眼睛，斩东海龙王；然后转生为火魔王公主的儿子，先后得到金砖、风轮、火轮、火鸦等法宝；第三次投胎后，为救其母经过多次劫难，最后重归天庭，被玉帝封为北帝部下的元帅。

2009年莲溪庙在庆祝华光诞时，对每位上香善信均送“金砖”一枚，晚上庙会亦设售卖“金砖”的摊位，便是借用了华光的法器，以供善信祈福保平安。

因此，道教传说中的华光，具有马神、火神、五显神等多重神格，但作为“火神”的崇拜，则流传、影响较广。

华光诞庙会售卖的金砖及民间工艺品

华光诞贺诞活动留影

传说玉帝曾命华光火烧戏棚，但华光被戏剧内容吸引，不忍加害戏班，便叫戏班子弟在演戏时焚烧香烛衣纸，瞒过玉帝，于是粤剧界便尊华光为戏神，相信供奉华光，会保护梨园子弟。

实际上，昔日大多使用竹木搭棚演戏，并且戏班经常乘坐木船来往乡间各地表演，一旦遇上火灾便损失惨重，同样，过去很多水上人家都崇拜华光，也是为了祈禳火灾的缘故。此外，部分武馆、体育馆也尊奉华光。

与莲溪庙结缘

澳门供奉华光的庙宇共有三间，包括澳门新桥区的莲溪庙、氹仔北帝庙和路环三圣宫。每年华光诞庆祝活动，以莲溪庙举办的最为盛大。

新桥区本来是一条小村落，村民多以农业为生，房舍密集，多棚户蓬寮，区内地势较低，有莲溪蜿蜒流经，庙宇建于莲溪岸上，故称莲溪庙。今天的莲溪，农田已被填平，庙宇位于永乐戏院对面的打缆巷内。

莲溪庙本来供奉的主神是北帝，传说清嘉庆年间，广东发大水，有一木偶沿西江洪水漂流至澳门海湾，每天涨潮时都出现在同一地点，有渔民认出这是北帝神像，于是集资建庙奉祀。北帝是一位水神，渔民每天出海作业，对它颇为崇拜。

清咸丰三年（1853）北帝诞，莲溪庙前上演神功戏的戏棚着火，危急之际，天忽然下起大雨，并且只在莲溪庙一带，人们认为是北帝显灵保佑，于是莲峰庙香火更为鼎盛。

但是今天，莲溪庙只在华光诞才上演神功戏，这说起来又是另一个故事。清同治十三年（1874）农历八月十二日晚，强烈台风吹袭澳门，北湾与浅湾濒海一带（今沙栏仔、沙梨头、新桥）的居民多住蓬寮茅舍，因为河水暴涨而仓皇逃往高地，但黑夜中，居民不知道途经的一道小板桥因水涨已漂走，接连失足溺毙，死伤无数。澳门多处地方受灾严重，这次灾害又称为“甲戌风灾”。

在一片恐慌之中，有雷电击中圣安多尼堂引起熊熊大火，火光照亮了夜空，使逃命的居民得以避免履险受溺。人们在雷电中看见一位“三眼神祇”徐徐降至莲溪庙中，认为是火神华光帝显灵，自此华光一跃而成莲溪庙主神，每年华光诞都会建醮演戏酬神。粤剧界人士回忆，凡来澳门上演神功戏的戏班，到埠后必先到莲溪庙参拜。

莲溪庙历史悠久

庙宇始建于清嘉庆二十二年（1817），[1] 值理会残存资料记载，旧莲溪庙于道光九年（1829）倒塌，议地另建新庙。庙宇经多次重修，现时庙内所见文物中，年份最早的是三块立于清道光十年（1830）的木横匾。

今天所见莲溪庙的基本格局由此定下。庙内有一块立于清光绪元年（1875）的《重修莲溪庙碑证》，其中记载清道光十年时，“正殿崇以北极；前座祀以财帛；左则五显列圣肃其禋；右则华佗文昌隆其祀；附右筑斋心之所；附右建司祝之房”。

清同治十三年（1874），甲戌风灾后，莲溪庙受到严重损毁，一年后坊众发起募捐，重修扩建莲溪庙，在庙左增筑观音、金花两殿。

澳门是个台风多袭之地，而莲溪庙处于新桥低洼地区，每次遇上台风均受到不同程度的影响。清光绪廿一年（1895）莲溪庙再次重修，在当年十月初四、十一、十八日的《镜海丛报》亦有报道当年澳门商绅捐助一事，并记载有一连三日的盛会庆祝。

1950年莲溪庙再次重修，这次得到粤剧泰斗马师曾到场演戏筹款，从该年重修所立石碑可知还有多位粤剧名伶如红线女、文觉非、梁醒波等捐款资助，现在庙里还有一块马师曾题字的牌匾。最近一次重修是在1992年，由文化司署资助进行，亦有一块造型特别的牌匾悬于观音殿前。

由于“文革”“破四旧”的影响，再加上庙宇管理不善，今天莲溪庙只余下供奉神祇的殿堂，附属建筑中，如靠近镜湖大马路一处，原为庙宇办事处，后出租成了校舍，现在该处又再腾空，不知是否会恢复庙貌；另一侧原是庙宇的后花园，现在成了便利店。

1 吴志良等主编：《澳门编年史》第三卷，广东人民出版社，2009，第1381页。

百年华光诞

华光诞的贺诞活动，随着庙宇的命运而起伏，也随着时代发展而变迁。受到城市消防设施及居住环境所限，对于昔日的澳门居民，尤其是新桥区一带的木屋葵寮、附近海域的水上人家来说，预防火灾十分重要。他们在华光诞会举行打华光醮的仪式，进行“送火灾船”活动，就是把易燃的火炭、纸屑等捆成一把置于门口，由道士收集后，集中于纸船，投入江海中焚烧。

今天这个活动在澳门已经不再进行。

莲溪庙值理会也会在华光诞举办盛大的贺诞活动。光绪十二年（1886）九月初五《镜海丛报》有报道莲溪庙到澳门商店集款酬神一事，并计划聘请金龙舞狮、名班演戏。[1] 而且神功戏一般持续多天，神诞当天请道士进行建醮，还有众多善信到庙宇参拜、上香、捐香油。

民国时期延续了这一习俗，抗战期间更同时宣传救国，因为战争演戏曾经一度停止，和平后再次复演。新桥区民林瑞回忆 50 年代时，他尚年轻，时当值理，帮忙往街上募捐和联络街坊等，从莲溪庙出发，走遍整个新桥区，最远到达提督马路。

在永乐戏院兴建之前，莲溪庙前是一片空地，空地有一龟池，每年华光诞便在这里搭棚，戏棚正对庙宇。棚内座位分成男座、女座两部分，中间是中心通道，没有座位，只可站立，捐款较多的就有戏票看戏，没捐的就收一点入场费。

永乐戏院建成后，旁边的空地尚未建成球场，便在此处搭棚演戏，戏

---

1 《镜海丛报》，澳门基金会、上海社会科学院出版，2000，第 34、46 页。

棚跨过劏鸡街，竹棚葵顶。戏棚内还有售卖飞机榄、竹蔗的小贩，观众可以边吃边看。当时演戏长达四日五夜，晚上七点开场至半夜十二点多结束，上演足本粤剧。

由于华光供奉在偏殿，所以每次华光诞都要将华光的行宫请出，行宫中有一龙牌代表华光，放在面对戏台的门口。神功戏结束后，还需依辈分，由当届的主席、副主席或老街坊把龙牌捧回去，作为送神仪式，一年的酬神演戏活动就算完结。

澳葡政府对演戏搭棚的限制，早在1851年的宪报上已经公布，并设人专门管理，搭棚前必先申领牌照。[1]1883年又公布了关于爆竹、演戏噪音规管的章程，这也说明过去澳门地区上演神功戏的风气极盛。[2]1895年莲溪庙重修的神功戏，因为比申请日期提前了一天上演，而遭遇洋人警察查禁，被记载于当时的《镜海丛报》中。[3]

昔日娱乐活动不多，每年的华光诞十分热闹，神功戏娱神娱人，戏棚底更是当年小童嬉戏的秘密基地，是很多新桥居民难忘的经历。

新时代的华光诞

“文革”时期，华光诞庆祝活动中断，庙宇香火凋零，管理权也转让给澳门镜湖值理会。直至1990年，在新桥坊众的倡导下，才恢复了华光诞贺诞活动。起初只是进行粤曲曲艺或折子戏表演，后来才重新上演足本粤剧。今天的贺诞仪式，则增添了很多新元素，更像一场持续几天的嘉年华盛会。

---

1 汤开建、吴志良编：《澳门宪报中文资料辑录（1850—1911）》，澳门基金会，2002，第3页。

2 同上书，第100页。

3 《镜海丛报》，澳门基金会、上海社会科学院出版，2000，第382、388、394页。

莲溪庙旁边的球场已加建上盖，神功戏上演不用搭棚，只需向有关政府部门租借舞台便可，戏班借用永乐戏院后台化妆。

华光诞庆祝活动由新桥坊众组成的华光诞筹委会组织举办，主导者是新桥坊众互助会和值理会，坊会内不少会员、理事都是新桥区的居民，有的曾担任莲溪庙值理，华光诞是深植于他们脑中的集体回忆。

一如传统，筹委会在华光诞前八至十天，都会到新桥区各商户募捐，然而跟昔日相比，今天的贺诞活动得到更多政府的资助，沿街募捐从主要经费来源，变成宣传性质更强的活动，同时派送活动通知、请柬，张贴海报。

实际上，华光诞的筹备工作提前半年便已开始准备，要向有关政府部门预订舞台、场地、日程，要接洽剧团、挑选剧目。神功戏前一个月便会召开记者招待会，向全澳市民发布华光诞庆祝活动的消息。

华光诞醒狮活动（一）

华光诞醒狮活动（二）

近年来，华光诞当天的仪式也越来越隆重，会邀请内地及澳门各界的嘉宾出席，基本程序是开幕剪彩仪式、为醒狮簪花挂红点睛、狮艺表演、上香、切金猪。

莲溪庙前搭建华光诞牌楼，牌楼上有贺匾“威镇南天”，两侧有对联“丙火当权坐镇南方朝显赫，雅明有象思淳下土威灵通”，每年牌楼上都有这些字句。

节诞当天的活动就在庙前街道进行，牌楼前两长台上，设有香炉，摆放水果、米酒、金猪及金银宝盆。庙旁还有一告示板，公示每位捐款的善信名单及金额。

华光诞祭祀仪式

华光诞祭祀仪式，以切金猪作结

华光出巡

华光诞神功戏

华光庙会活动之一

2009年还邀请澳门其他庙宇的代表参加，他们拿着各庙的旗号进场，列队站在庙宇对面，在主办单位致辞后，各嘉宾同时鸣放礼炮。此时狮队已准备好，嘉宾分批进行簪花、挂红、点睛仪式后，醒狮表演开始，狮队除在庙前表演，还进庙内华光殿前舞狮，锣鼓喧天，好不热闹。

随后各嘉宾排队上香，还获送“金砖”一份，祭祀仪式以切金猪作结，不少善信陆续进入庙内参拜。为了丰富活动内容，仪式后还增设八仙贺诞唱词、曲艺表演作为余庆节目；2010年还加上“华光出巡”节目。

此外，华光诞还有一连三晚的神功戏，近年以聘请内地粤剧戏班为主，为保持新鲜感，每隔几年就会换一戏班。自1994年开始，第四晚增设千岁宴，邀请新桥区内长者参与，同时设有曲艺表演，邀请本地曲艺社上台演唱，从初时的几十席，到今天已达六十席，分两场进行。

新桥坊会为了振兴旧区经济，2009 年开始在华光诞期间设庙会夜市，把莲溪庙一带布置成“仿古一条街”，由坊会人员穿上古装作为工作人员，如此一来，莲溪庙华光诞活动更为丰富了。

华光诞活动今昔对比

	过去	今天
空间	庙前空地	庙前大缆巷及新桥坊会球场
参与者	水上人家、新桥区居民为主	澳门居民、游客
筹办机构	莲溪庙值理会	新桥坊会及值理会
资金来源	新桥区商号、街坊	政府、基金会赞助为主，商号、街坊捐献
祭祀仪式	打华光醮、送火灾船	华光醮发展成一系列活动仪式，增设华光出巡，表演助兴节目丰富
神功戏	庙前空地搭棚演出，邀请香港、内地名班，戏棚分男、女座	球场内租借舞台，邀请内地戏班，第四晚为曲艺表演及千岁宴
商业活动	戏棚内外小贩	莲溪庙庙会

颠覆传统还是与时俱进

莲溪庙庆祝华光诞已有上百年的历史，但百年间澳门经历了很大的变化，新桥区的地理环境、居民、经济、社会均不同于百年前的小渔村。这些均反映到华光诞的庆祝活动上。

华光诞贺诞活动的本体，是为了祈禳火灾而打华光醮，在莲溪庙值理的统筹下，募集资金上演神功戏，既是为神做功德，也是居民生活中的娱乐节目，由此衍生出了华光诞的保留节目——酬神演戏。人流聚集带来商机，往往吸引小贩做小生意。在过去的华光诞里，祈福才是主要目的。

现在的澳门，木屋基本上绝迹，水上居民或已上岸，新桥区没有了停泊船只的海湾，信奉华光的居民年岁已高，年轻一辈不再感兴趣。消防系统的发展，使得今天防火不必只求神明保佑，贺诞祈福带来的更多的是一种心灵上的安慰。

为什么华光诞依然存在？除了它是新桥居民的重要回忆外，也因为它已成为新桥坊会活化新桥区的工具。今天，促进小区经济，带动旅游业发展，才是它最显著的功能。

现在的华光诞，筹办方、资金来源都跟过去不一样了，新增加的活动如千岁宴、庙会、夜市等都与庆祝华光诞没有很大的关系，而且过去贺诞只是莲溪庙一家之事，现在还邀请澳门其他庙宇参与。因此华光诞的功能、目的，对居民的意义，对澳门社会的影响，都发生了改变。

华光诞从内到外都焕然一新了，这是与时俱进的一种创新，还是对传统的颠覆与亵渎？

没有了功能的转变，华光诞可能已经成为逝去的风景。然而新的元素，为华光诞带来了活力，并为小区发展带来正面的意义，重新贴近人们的生活所需。在我们看来，不管过去的华光诞，还是今天的华光诞，都是在为人、为小区服务。要是说贺诞、祈福才是它的核心，核心的背后，还不是为了人们有更好的生活？

用文化遗产这一时髦的观念来看待华光诞这一节庆，它无疑是一种非物质文化遗产，是一种活态的文化遗产，活在它是不停变化的。保护一座古建筑，我们可以人为地控制，把它凝固在哪个历史时间点上，用科技手段推迟它的衰败，使得子孙后代仍能欣赏得到；但是，保护一个传统节庆，我们要保护的是什么？还有一点很重要，这又应该由谁来做决定？

华光诞近年大事记

2018 年

坊会：华光诞结合青年市集反应佳　成新桥区最具代表性活动（《澳门力报》11 月 4 日）

2017 年

华光诞演戏酬神活动开幕（11 月 17 日）

2016 年

新桥坊众庆华光诞酬神上香（“澳门街坊会联合总会”资讯新闻 10 月 29 日）

2015 年

新桥坊众周日祝华光诞，冀善用街区庙宇拍影视作品盘活经济（11 月 3 日）

2012 年

庆华光宝诞活动周六响锣（11 月 7 日）

以上资料没有标明出处的均来源于《澳门日报》

宣教传承节庆内涵

（《澳门日报》2017 年 5 月 4 日）

昨日佛诞节，本澳有多项大型节庆活动，热闹气氛洋溢小城。民间节庆活动在政府支持下，规模渐大，得到更好的承传和发展，成效显著。

每逢农历四月初八，小城就变得特别热闹。同一日在澳门半岛、离岛分别举行庆祝醉龙节、谭公诞、浴佛节等活动，内容丰富多姿。当中，鱼行醉龙节是极富特色的民间节庆活动，除了是本澳独有的非物质文化遗产，也列入了国家级非物质世界文化遗产名录。在政府的重视与支持下，活动办得有声有色，龙狮共舞、大巡游及派龙船头饭等都吸引大批旅客、居民齐参与，感受热闹的节日气氛，传统节庆文化更成为本澳特有的旅游元素。

路环街坊为贺谭公宝诞，按照传统风俗举办“光辉路环四月八会景巡游”“信义盆菜聚乡情”等活动，去年更吸引逾三千名乡亲、居民、旅客等支持，已成为路环年度盛事。

民间传统的节庆活动得以顺利举行，离不开政府的重视和支持，共同将节庆文化发扬光大。民间节庆和传统活动要不断延续，关键在于传承，但不少人对于传统节庆的内涵与意义一知半解，官民宜合力加大宣传教育，令更多节庆活动薪火相传。

悦鸣

附录

庙宇传统适度保留

（《澳门日报》2017 年 5 月 8 日）

当局为纾减大三巴一带交通压力，于高园街实施多月“准落禁上”措施以来，不仅有利旅客漫步各世遗景点，盘活小区经济，更有助引领旅客走进区内庙宇，感受传统节庆氛围，符合促进庙宇游目标。

与高园街仅一街之隔的福庆街，空间不大，但建有吕祖仙院与南山庙、包公庙及医灵庙（睡佛堂）等组成的庙宇建筑群，虽建庙多时，但肌理完整，与当局及各庙负责人持续保育分不开。多间庙宇代表组成庙宇筹委会后，保护力量更大，推广庙宇节庆活动更具规模。

昨适逢吕祖先师宝诞，社会各界及多家庙宇代表欢聚吕祖仙院，就保育与推广庙宇工作交换意见。吕祖仙院负责人透露，为全面向大众推广吕祖文化，有计划建立网页和脸书等社交沟通平台，从电子化方向吸引年轻人关注，也方便大众电子祭祀。

综观文化部门为更好保育各大庙宇，近年提倡大众不作明火化宝，连“观音开库”也采取同样措施。庙内不作明火化宝，或透过电子媒介认识庙宇历史及传统习俗，难免有不同意见。

坊间普遍认为，要在当代社会传承与发展民间习俗，有新的思维、新的平台是好事，但须有限度保留传统仪式，新旧两兼顾，才有助平衡发展。

悦鸣

本澳四人入选非遗传承人推荐名单
学者冀加强保育传统文化

（《澳门日报》2018年1月3日）

澳最近有四人入选第五批国家级非物质文遗代表性项目代表性传承人推荐名单，现正公示中，理工学院中西文化研究所所长林发钦表示欢迎，认为此举高度反映澳门非遗保护工作进一步与国家相关制度接轨，且逐步取得成效。

传承人须符三条件

林发钦称，建立保护名录和认定传承人，是非物质文化遗产保育最重要的基础工作。《文化遗产保护法》第八十条“非物质文化遗产传承人”指出，传承人是指负责保护和推广列入《非物质文化遗产名录》项目的社群、群体或个人。

按《中华人民共和国非物质文化遗产法》第廿九条规定传承人的认定所指，非遗代表性项目代表性传承人应符合下列条件：一是熟练掌握其传承的非物质文化遗产；二是在特定领域内具有代表性，并在一定区域内具较大影响；三是积极开展传承活动。这次入选传承人推荐名单的四位人士：“澳门哪吒信俗”（叶达、郑权光）、“澳门妈祖信俗”（陈键铨）及“南音说唱”（区均祥），正是根据澳门“文遗法”、《中华人民共和国非物质文化遗产法》及《国家级非物质文化遗产项目代表性传承人认定与管理暂行办法》相关规定。公示期后如无异议，即成为传承人。

培育人才传承文化

林发钦指，随着本澳非遗保护工作陆续展开，清单和名录制度逐渐建立和完善，后续将会有更多项目传承人获得认定，这不仅是一份荣誉，更是一份责任。“文遗法”第八十一条规定，非物质文遗传承人应组织旨在保护非物质文化遗产的活动，尤其宣传活动，并应定期向文化局提交报告。国家非遗法也有相关规定，要求传承人开展传承活动，培养后继人才，妥善保存相关实物、资料，配合文化主管部门和其他有关部门作非遗调查，参与非遗公益活动等，任重道远。

综观本澳现有十五个项目列入澳门非遗清单，包括：粤剧、凉茶配制、木雕——神像雕刻、道教科仪音乐、南音说唱、鱼行醉龙节、妈祖信俗、哪吒信俗、土生葡人美食烹饪技艺、土生土语话剧、土地信俗、朱大仙信俗、搭棚工艺、苦难善耶稣圣像出游和花地玛圣母圣像出游。林发钦期望近期新增的五个项目，可尽早开展传承人认定工作，壮大本土非遗保育中坚力量，更好地弘扬澳门优秀的文化遗产和人文传统。

四澳人上榜国家级非遗传承人

（《澳门日报》2018 年 5 月 18 日）

国家文化和旅游部前日公布第五批国家级非物质文化遗产代表性项目代表性传承人名单，全国各地共一千〇八十二人上榜。其中，本澳四名申报者均获选成为国家级非物质文遗代表性项目代表性传承人，分别是“南音说唱”的区均祥、“妈祖信俗”的陈键铨，以及“哪吒信俗”的郑权光和叶达。

文化局昨发出新闻稿称，本澳三项国家级非物质文遗代表性项目共四名申报者入选上述名单，反映相关人士对本澳国家级非物质文遗项目的保护和传承工作获得肯定。当局一直十分重视本澳非物质文遗传承，于二〇一五年推动上述申报。是次申报成功，有赖国家文化和旅游部、澳门社会文化司司长、文化遗产委员会及非物质文遗范畴多名专家的支持和协助。

目前，本澳共有七人获选为国家级非物质文遗代表性项目代表性传承人，包括“南音说唱”的吴咏梅（已辞世）、“木雕——神像雕刻”的曾德衡、“澳门道教科仪音乐”的吴炳志，以及是次获选的四名传承人。局方未来将继续鼓励和支持本澳非物质文遗项目的保护及承传工作。

现于四川开展考察活动的叶达和郑权光接受本报查询时，对能入选上述名单表示高兴，认为是集体荣誉。身兼文遗委的大三巴哪吒庙值理会会长叶达坦言，能成功上榜，得来不易，全赖特区政府各部门尤其文化局、理工学院相关团队等长期支持，以及社会各界等一如以往参与相关活动分不开。会以感恩之心持续举办“哪吒信俗”活动，并争取在澳门与周边地区乃至东南亚一带加强推广，不断提升信俗文化影响力。

柿山哪吒古庙值理会执行主席郑权光坦言，能入榜非常荣幸，深感责任重大，衷心感谢特区政府各部门及社会各友好团体长期支持，未来会持续办好哪吒贺诞活动，与周边地区庙宇组织加强交流，壮大阵容，助力哪吒文化发扬光大。

妈阁水陆演戏会理事长陈键铨喜悉个人入选国家级非物文遗项目传承人，感到莫大光荣。衷心感谢特区政府长期支持该会推动“妈祖信俗”活动，也感恩获得会内同人和街坊小区友好人士等高度认同和支持。未来将秉承先辈优良传统，致力栽培年轻一代，配合弘扬信俗文化，为推动这个文化名牌作出更大的贡献。

南音说唱家区均祥对能获奖亦深感任重道远，未来希望特区政府加大力度支持“南音说唱”发展，吸引更多有兴趣、有潜质人士加入团队，提升影响力。建议当局创设条件，腾出公共文化场地提供予他及学生们演练，尤其加强培训环节，达至薪火相传，令该项目更好地传承与发扬。

口述历史资料

主题	叙述者	访谈日期	访谈地点	访谈员
土地诞	罗盛宗、钟文	2011.8.5 2011.8.6	澳门高美士街14号景秀花园2楼A–C楼（超然国际有限公司）沙梨头坊众互助会	李璟琳、郑伟豪
包公诞				陈达尧等
北帝诞	廖水、阮子荣	2009.8.8	澳门氹仔坊会	黄婉慧、李璟琳、阮世豪
妈祖诞	侯榕根、陈键铨	2009.8.5	澳门口述历史协会	李璟琳、刘冬怡、梁锦英
舞醉龙	何智新、陈日明、刘洪、苏中兴、关伟铭	2010.12 2011.1	澳门鲜鱼行总会、电力公司七楼	史研等
浴佛节	龚树根（莲峰庙值理会）	2011.8.11	澳门林则徐纪念馆2楼值理会	梁俊杰、李璟琳
谭公诞	张英	2011.8.18	澳门路环街坊四庙慈善会	梁俊杰、李璟琳
哪吒诞	郑权光、叶达	2011.7.28 2011.7.29	澳门口述历史协会	吴钰微、李璟琳、阮世豪、黄婉慧
鲁班诞	李奕祥、刘忠杰		上架木艺工会	骆嘉怡等
观音诞	成旭大师	2011.8.12	澳门观音堂	Maria Vong、李璟琳、黄婉慧
关帝诞				李璟琳等
康公诞	康公庙庙祝	2010	澳门康公庙	李璟琳、刘冬怡、林婉华
华光诞	李志远、林瑞		澳门莲溪庙	洪丽钦、刘冬怡、李璟琳、萧洁铭